LE IMPRESSIONNISTES

LES IMPRESSIONNISTES

Henri-Alexis Baatsch

L'ESSENTIEL

HAZAN

Document de couverture :
Impression. Soleil levant (détail), 1873.

Conception et réalisation :
Anne Anquetil

Photogravure :
Martial Productions, Paris

Achevé d'imprimer en janvier 1994
par Milanostampa, Farigliano

ISBN 2 85025 351 0
ISSN 1250-5919

SOMMAIRE

Il n'y a pas si longtemps, au début des années cinquante encore, les locomotives fumaient en gare ; il n'y avait plus beaucoup de canotiers mais de courageux baigneurs se hasardaient en Seine jusqu'en aval de Paris, et les rives de Bougival et de la Marne voyaient affluer les familles des promeneurs dominicaux ; il y avait encore quelques vraies fermes dans la très proche banlieue ; on chantait le plus souvent en français les opéras italiens ou allemands sans grand souci de l'authenticité musicale, et les champs de courses de Longchamp ou d'Auteuil drainaient les grands jours toute une foule d'élégantes en chapeaux et tout un peuple en casquette. Comme dans les tableaux...

Les chanteurs de rue venaient, après la messe, pousser leurs goualantes sous les fenêtres des immeubles bourgeois d'une rue qui s'appelait déjà « Claude Monet », à Boulogne, jusqu'à recevoir quelques pièces, jetées de guerre lasse par les fenêtres. Il y avait un peu partout en Île-de-France de ces lieux de rendez-vous printaniers, sur le déclin, comme la Grenouillère et le restaurant Fournaise, célébrés par Renoir, et les soirs d'été, la journée faite, comme le « week-end » n'existait pas, l'on se mettait à la fenêtre ou l'on s'asseyait sur le pas des portes, dans les quartiers populaires, pour bavarder et regarder passer les gens. C'étaient là les spectacles, c'étaient là les plaisirs.

Ce monde bel et bien envolé aujourd'hui a duré une centaine d'années. Il était encore celui des impressionnistes, « il est maintenant du passé », comme disait dame Sei Shônagon, dans ses *Notes de chevet*, en ce Japon ancien du XIe siècle.

Ce sentiment d'un monde proche et pourtant irrémédiablement révolu est sans doute ce qui fait le succès de foule de ces artistes du XIXe siècle, succès que rien ne vient démentir et qui a saisi, par vagues successives, des peuples bien étrangers à la culture et aux paysages de cette Île-de-France, de cette Normandie, de cette Provence de la seconde moitié du XIXe siècle. En bien des endroits au

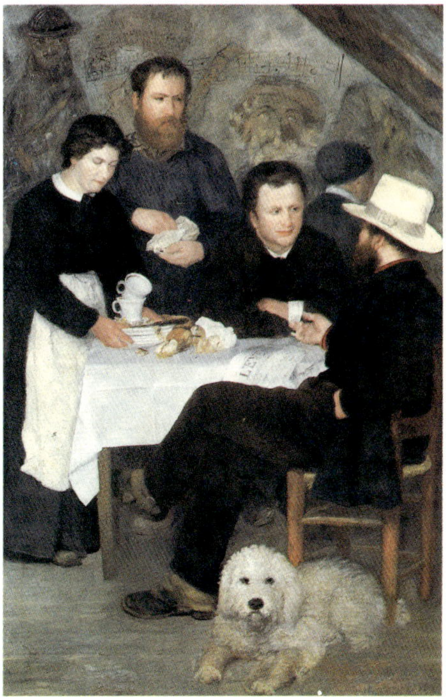

RENOIR
Le Cabaret de la mère Antony, 1866.

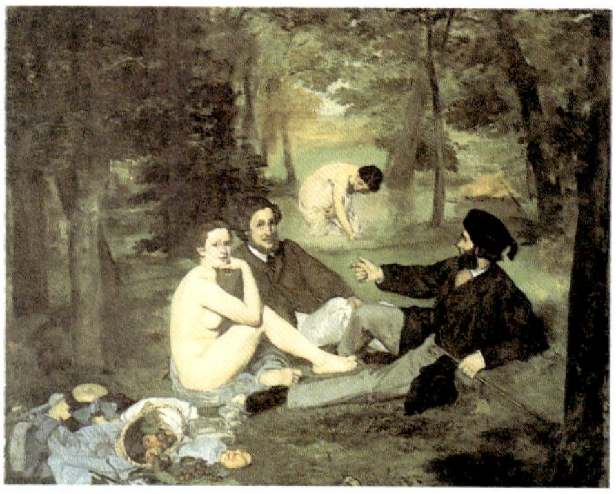

MANET
Le Déjeuner sur l'herbe, 1863.

monde, ceux qui ont traversé dans leur expérience l'envahissement de la ville par l'industrie, vécu la fin des siècles paysans, et partagé les plaisirs du peuple citadin, bourgeois ou ouvrier, dans ce XIXe siècle qui vit l'éclosion du monde « moderne », eh bien tous ces gens, qui à un degré ou à un autre ont vécu cette ère de bouleversements en tout genre, se retrouvent avec bonheur dans les scènes de vie et les paysages des artistes impressionnistes, bien avant de s'interroger sur la réalité de la révolution picturale qu'a représentée leur œuvre.

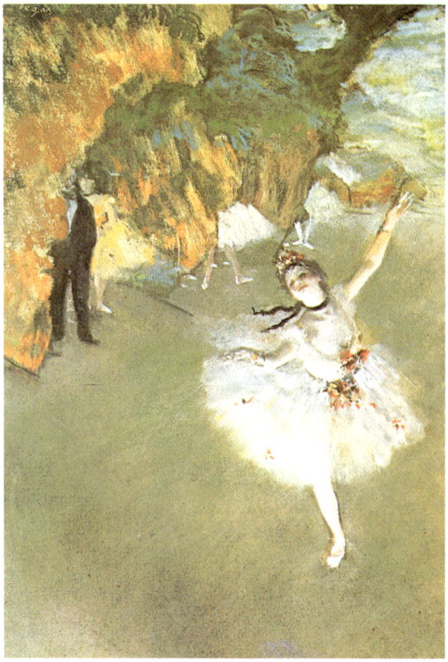

DEGAS
L'Etoile ou la danseuse sur la scène, 1878.

Révolution picturale, il y eut certes. Et ce furent une trentaine d'années bien agitées dans le Paris des arts qui s'écoulèrent depuis le scandale du *Déjeuner sur l'herbe* d'Édouard Manet, en 1863, jusqu'à l'espèce de reconnaissance officielle que fut l'acceptation partielle, par l'État, du legs Caillebotte en 1894, lui-même peintre impressionniste, collectionneur et soutien de ses amis. Mais l'impressionnisme, dans l'imagination commune, avant d'être une nouvelle technique de peinture et une autre approche de la lumière, ou la réflexion obstinée de Cézanne sur la décomposition géométrique des formes, c'est avant tout des « sujets » : tout un monde reconstitué, saisi dans sa vérité du moment, un monde sans emphase, sans pose, sans « Histoire », capté dans ses détails les plus simples, et abordé de même.

« Il faut toujours être prêt à partir pour le motif. Pas de bagages. Une brosse à dents et un morceau de savon », disait Pierre-Auguste Renoir, lui qui portait la barbe seulement pour éviter de perdre un moment de la matinée à se raser. Il résumait ainsi les ingrédients de base de l'attitude impressionniste : la mobilité, la disponibilité à travailler n'importe où, dans les conditions les plus précaires, pour saisir au vol ce qui méritait de l'être. C'était un temps de marcheurs, en perpétuels déplacements, avec leur équipement d'artiste prêt à être chargé. Ils avaient donné ses lettres de noblesse à la peinture de plein air et entendaient bien se dépenser pour l'illustrer et manifester combien cette innovation bouleversait toutes les habitudes de la peinture et créait l'esthétique de leur temps.

Mais alors, Degas et ses danseuses de l'Opéra ? Toulouse-Lautrec et son bal du Moulin-Rouge ? Caillebotte et ses raboteurs de parquet ? Pourquoi font-ils partie à nos yeux d'aujourd'hui du groupe des impressionnistes, si la peinture de plein air est le plus propre de ceux-ci ? Peut-être parce que pour la plupart ils se connaissaient et se fréquentaient assidûment, mais aussi parce qu'aujourd'hui nous imaginons une « époque », et non tout ce qui faisait la recherche quotidienne de chacun. Ils étaient une quinzaine que quelques années d'âge seulement séparaient. Ils vivaient dans la même France, hantés par le bonheur de vivre et secoués par les événements politiques et économiques violents que traversait le pays dans sa douloureuse émergence à l'âge industriel et à la stabilité politique. Ils étaient bien moins théoriciens de leur art qu'engagés pour celui-ci, avec une naïveté quelquefois déconcertante. Et si seuls certains d'entre eux connaissaient, sans en avoir le goût parce qu'ils n'étaient pas « romantiques » au sens un peu vulgaire du terme, la détresse de l'artiste — qu'on exaltera plus tard avec le malheur personnel de Van Gogh — ils avaient au moins ceci en commun : des ennemis. Nombreux.

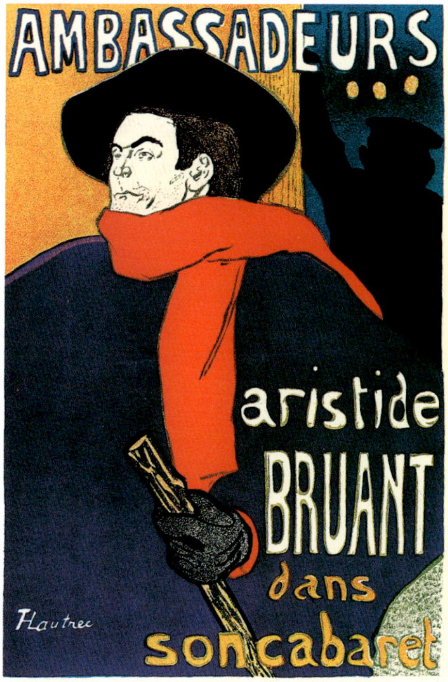

TOULOUSE-LAUTREC
Les Ambassadeurs,
Aristide Bruant dans son cabaret, 1892.

Les « impressionnistes » : les réflexions moqueuses du critique Leroy sur le tableau de Monet : *Impression, soleil levant,* exposé en 1874, ont fait mouche. En fait, il y avait déjà une bonne dizaine d'années que la représentation des phénomènes fugitifs, la nécessité d'une palette plus claire, le goût du travail en plein air avaient saisi nombre de ces peintres, que les bien-pensants de 1874 et au-delà s'efforcèrent longtemps de briser. 1874 : c'est le moment où le « groupe » s'affirme, organise pour la première fois — il y

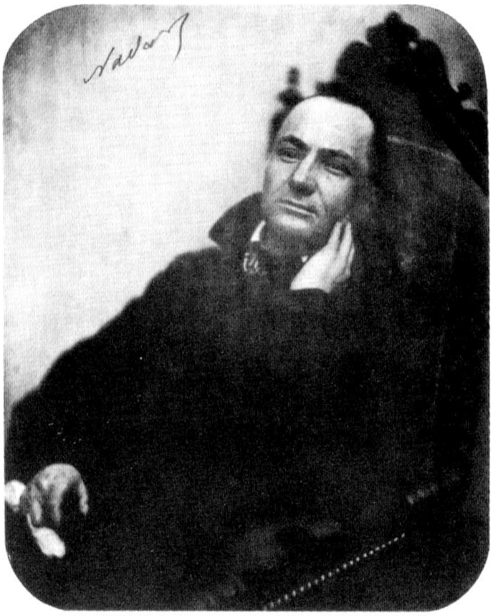

NADAR
Baudelaire, 1855.

en aura officiellement huit — des expositions d'« artistes indépendants ». Depuis une dizaine d'années qu'ils ont commencé de révolutionner la peinture, qu'ils affrontent par petites bandes aux fortes convictions, mais en ordre dispersé, l'establishment artistique, les « impressionnistes » ont suffisamment décanté leurs positions, affirmé leur travail pour ne plus rien attendre de celui-ci et de ses structures. 1874 : année donc décisive pour la naissance d'un mouvement artistique qui restera dans toutes les mémoires, parce qu'il a le parfum de la liberté humaine et artistique retrouvée, que de nombreux combats déjà avaient préparée. L'un des tout premiers avec Monet et Renoir, Frédéric Bazille, a déjà disparu. Il a été tué sur le front, à la bataille perdue de Beaune-la-Rolande, le 28 novembre 1870, pendant *L'Année terrible* * (1870-1871), celle de la guerre étrangère et de la guerre civile. Charles Baudelaire, l'esprit le plus lucide du temps et l'un des plus ardents défenseurs d'Édouard Manet, est mort en 1867. La République se cherche puis s'affermit, la France se façonne à la modernité ; les grands noms qui resteront de ce temps, en art, sont en place, dans leur maturité...

Revenons sur leurs chemins, leurs essais, leurs émerveillements.

L'aventure des impressionnistes commence dans un monde qui, avec l'industrialisation et l'urbanisation, largue les amarres qui le rattachaient au monde des évolutions lentes de toujours. Cet espace, cette atmosphère nouvelle invente et propage de nouvelles techniques riches d'avenir comme la photographie ; ce monde se grise à la machine à la vapeur, à la fonte et au fer, quelquefois génialement exploités dans les nouvelles architectures ; il vit au jour le jour la formidable transformation des distances et de la nuit qu'apportent le télégraphe, le gaz de ville, l'électricité, et s'émerveille désormais de pouvoir se déplacer et communiquer si vite. On commence à profiter dans la vie courante des inventions des savants et des ingénieurs, ces démiurges du temps.

Où en était donc, en réplique, le monde des arts pour que la peinture des locomotives fumantes vues du pont de l'Europe à la gare Saint-Lazare, ces ciels d'hiver sur les toits et les pavés de Paris, la vision réaliste d'une femme buvant l'absinthe au café pussent faire scandale ?

Il en avait assez, depuis longtemps déjà, comme l'avait proclamé, dans un article tonitruant de 1855, le poète Fernand Desnoyers, « des broussailles, de la bataille des Cimbres, du pandémonium des temples grecs, des lyres, des harpes juives, des Alhambras, des chênes tuberculeux, des sonnets, des odes, des poignards et des hamadryades au clair de lune ». Il en avait assez, mais il n'osait pas le dire, et de puissants intérêts de position sociale ou la défense d'une éthique romantique déjà révolue s'opposaient farouchement à l'adaptation de la peinture à la modernité, qui était celle de ce Paris en chantier permanent d'Haussmann.

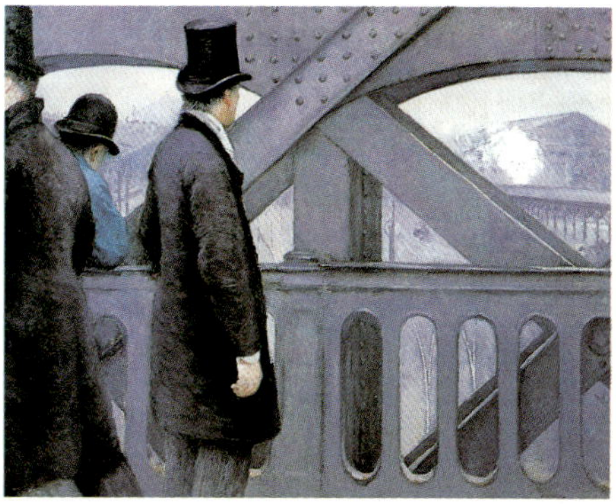

CAILLEBOTTE
Le Pont de l'Europe, 1877.

Le réalisme de Courbet avait ouvert la brèche dans l'académie en introduisant des sujets du XIXe siècle, des sujets « contemporains », mais il n'avait pas encore changé les méthodes de travail ni créé une nouvelle approche de la matière picturale. Son *Atelier du peintre* respectait les formats grandioses, la préparation des fonds, la « manière » de l'École, la mise en scène institutionnelle, même si c'était déjà une vaste fresque de la société composite d'alors. Édouard Manet, tout obstiné qu'il fût, certain de sa valeur, n'était encore qu'un chercheur solitaire.

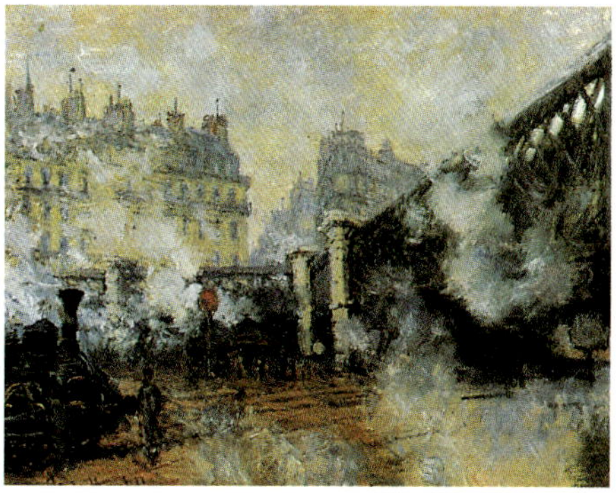

MONET
Le Pont de l'Europe, 1876.

Reprenant les attitudes qui avaient dû être celles des grands paysagistes hollandais du XVIIe siècle, il y avait bien en France cette école de Barbizon de peintres paysagistes et son introducteur, Corot. Si « grand-papa » Corot, Daubigny, Théodore Rousseau, Diaz de la Peña, voire Troyon, étaient déjà loin de l'esprit de la reconstitution pure et simple en atelier des atmosphères qu'ils s'efforçaient de capter dans la lumière naturelle des champs et des bois, ils s'en remettaient eux aussi pour l'essentiel à la pratique

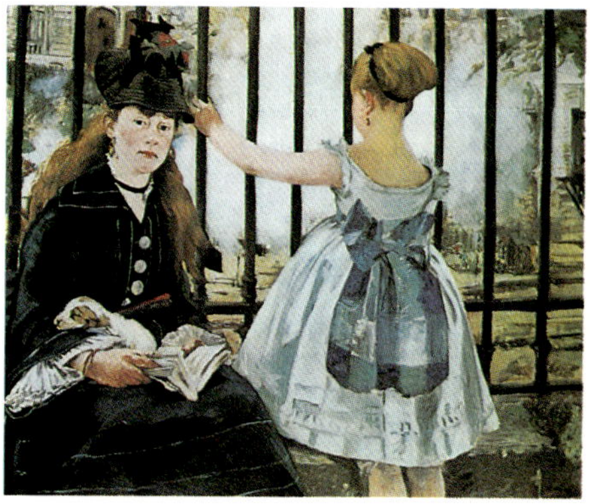

MANET
Le Chemin de fer, 1873.

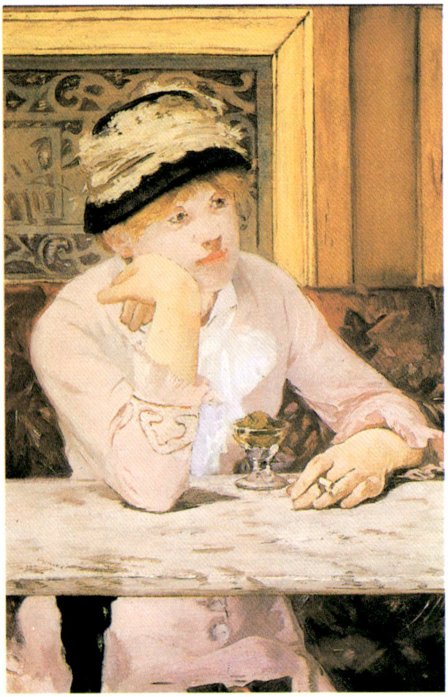

MANET
La Prune, 1878.

picturale apprise, et retravaillaient dans une lumière stabilisée, pour les fixer dans une sorte de petite éternité, les paysages ou les scènes champêtres qui les émouvaient. Millet mémorisait à merveille les scènes d'extérieur pour les reconstituer par la suite. Ces artistes de Barbizon avaient un regard original sur la nature de leurs temps, ils appréciaient ses manifestations, ce que ne faisaient pas les peintres académiques, englués dans les allégories, la peinture d'histoire imaginaire, les sujets réputés « nobles », incapables de regarder autour d'eux et, plus encore, ne le voulant d'aucune façon.

L'histoire proprement dite de l'impressionnisme commence vers 1862-1863. Paris alors bascule, et l'art avec lui. Paris devient la « capitale du XIXe siècle », comme devait si bien le formuler plus tard le critique et philosophe allemand Walter Benjamin. Paris s'ouvre à la modernité, il est la modernité même. Avec les grands travaux du second Empire, il prend la physionomie qu'il a toujours pour l'essentiel. Dans le domaine des arts, à l'exception de la musique, aucune capitale ne lui fait ombrage. Comme toute la France d'alors, persuadée depuis un siècle d'être un modèle historique, Paris se sent, se croit fort. Il a ses institutions, ses artistes au rayonnement international. L'éclat de Paris, capitale des arts et même capitale culturelle de l'Europe, est tout bonnement sans pareil. Exposer au grand Salon officiel, bisannuel puis annuel, de peinture, qui regroupe deux à trois mille œuvres, plus ou moins « lisibles » selon leur place sur les cimaises, c'est participer aux valeurs d'un monde encore sûr de lui et être reconnu par les arbitres suprêmes des valeurs artistiques, que sont les grands patrons des Beaux-Arts et de l'Institut. Si le régime impérial est autoritaire, il a pour lui cette composante plébiscitaire qui fait aussi sa force, l'intelligence particulière du souverain, Napoléon III, et son prestige militaire à l'étranger. Bismarck guette, mais n'a pas encore bondi.

Dans ce monde en développement rapide, quelque chose a pourtant changé, que les puissances constituées ne peuvent pas saisir. La mutation rapide des modes de vie, la multiplication des transports, la vitesse relative des communications, la nouvelle relation à l'image — à l'image propre comme à celle des choses et des autres — que rend possible la diffusion de la photographie, les nouveaux modes d'éclairage, les métaux, l'industrie, la chimie, tout cela de l'intérieur a rendu caduque la conception hiératique, mythologique ou exotique, de l'art officiel. Celui-ci est désormais complètement en porte-à-faux dans une société qu'il survole sans la comprendre. Il a, quand il est de haute tenue, ses dieux antagonistes, ombrageux ou bonhommes, comme Delacroix et Ingres. Et chez de moindres artistes, il est néo-gothique ou néo-classique, quand la société, elle, bascule, se pose des problèmes inédits sur la lumière et l'artifice, s'interroge déjà sur son entrée dans une perspective de découvertes, qui paraît infinie. Il faut voir *Les Romains de la décadence* par Thomas Couture, au musée d'Orsay, ou les scènes religieuses de Signol à l'église Saint-Sulpice, pour mesurer, sans même vouloir être critique, combien la peinture académique des années 1850-1860 s'étouffe elle-même comme une industrie du cinéma qui ne produirait plus que des *Cléopâtre* ou des *Dix Commandements,* reconstituant à perte de vue des affabulations historiques ou mythiques qui avaient eu leur vertu fondatrice d'un certain ordre social pour les... grands-parents des artistes vivants. La soif d'épopée des petits garçons devenus grands dans l'ombre de Napoléon n'était pas encore éteinte.

Développée en une dizaine d'années, la rupture que nous qualifions aujourd'hui d'« impressionniste » avait ainsi devant elle un très vaste champ d'intervention. C'était une rupture de jeunes, de peintres, de coloristes, un changement aussi dans les priorités humaines. La vie de tous les jours, la vie simple, les hommes, les femmes, les

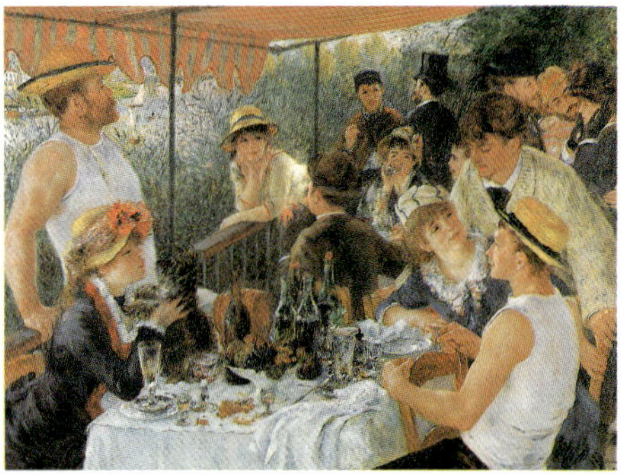

RENOIR
Le Déjeuner des canotiers, 1881.

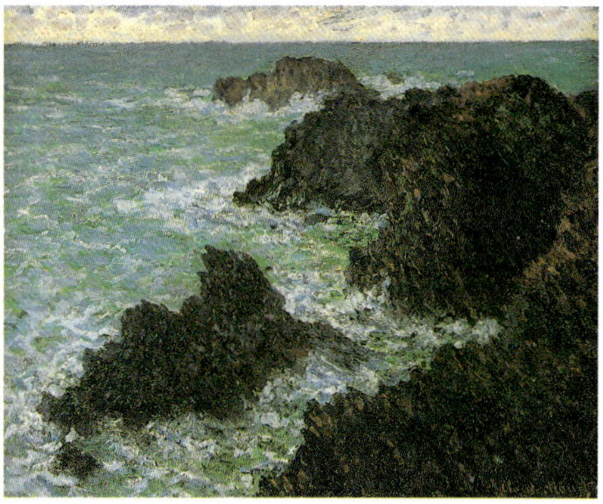

MONET
La Côte sauvage, 1886.

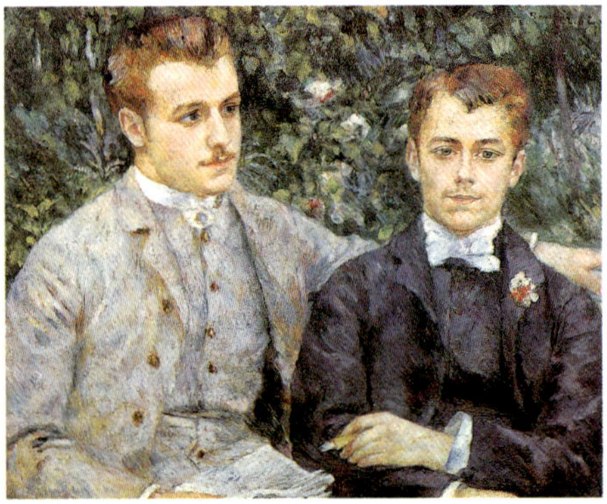

RENOIR
Portrait de Charles et Georges Durand-Ruel, 1882.

enfants, les couleurs des saisons et de la rue, les plaisirs, les promenades, les travaux des gens « réels » reprirent leur droit. Le portrait officiel ou bourgeois s'éclipsa, remplacé par les joies fugitives du *Déjeuner des canotiers* ou plus profondes de la mère et de l'enfant au berceau ; et les mers et les cieux tourmentés des romantiques cédèrent la place aux bouillonnements plus tangibles, plus simplement visibles, de la mer à Belle-Île ou sur la côte normande. De petits villages des bords de l'Oise ou de la Seine, des allées d'arbres comme il y en a tant en France, des modèles assez frustes, mais gracieuses et par nécessité un peu faciles, toujours en quête d'un peu d'argent pour tenir le coup dans la grande ville, toutes ces existences et ces mouvements si fragiles devaient devenir sous le pinceau de Pissarro, de Monet, de Morisot, de Degas, de Renoir, le support d'un émerveillement toujours renouvelé devant les lumières, les éclats, les brumes, les chatoiements des heures et des jours. Certains comme Pissarro ou Monet, désertant résolument tout esprit d'atelier, n'hésitaient pas à braver les pires conditions météorologiques pour aller prélever sur place, en pleine nature, des effets et des sensations visuelles qu'aucun peintre avant eux n'avait eu la constance d'aller noter de près :

« J'ai peint aujourd'hui, une partie de la journée, sous la neige qui tombe sans arrêt ; vous auriez ri de me voir entièrement blanc, la barbe couverte de glaçons " stalactités " (Claude Monet, lettre du 26 février 1895 à Gustave Geffroy, datée de Sandviken en Norvège).

À partir de 1874, le groupe impressionniste existe alors que le public reste encore majoritairement hostile. Il a aussi son marchand attitré, Durand-Ruel, qui, dans les années quatre-vingt, s'efforcera de l'exporter en Angleterre et en Amérique, comme il aura ses soutiens réguliers dans la bourgeoisie éclairée. Cette existence semi-officielle est ponctuée par les expositions collectives indépendantes qu'il organise jusqu'en 1886. Les débuts sont néanmoins difficiles, d'autant que le grand homme politique du temps, Gambetta, pourtant favorable, n'a pas hésité à déclarer : « Il vaut mieux voir la République vivre avec de la mauvaise peinture que de la voir mourir avec du grand art. » Et l'on assiste toutes ces années à un étrange ballet des participations à ces manifestations publiques. Tantôt Pissarro pousse à la roue pour maintenir une certaine cohésion, mais son intérêt pour les « jeunes », comme Gauguin ou Seurat, suscite lui aussi de vives polémiques et des ruptures provisoires. Tantôt, c'est Degas, l'autre « tête pensante » du groupe, qui maintient obstinément un semblant d'activité collective et se fait le porte-drapeau de l'« intransigeance », autrement dit de la non-allégeance aux manifestations officielles. John Rewald, dans son *Histoire de l'impressionnisme*, a retracé par le menu toute cette histoire d'un groupe qui est en réalité une constellation souple, avec ses cafés, ses sites privilégiés, ses thèmes, mais qui ne prétend nullement circonscrire quiconque dans un cadre rigoureux, chacun conservant en effet farouchement son autonomie de vie, de relations et de création. Le milieu impressionniste en fait nous introduit à toute cette mouvance de groupes d'artistes et d'intellectuels théorisants, qui caractérisent l'art moderne et même l'art contemporain. Les impressionnistes expérimentent sur le vif un nouveau mode de relation à l'art : ouverts aux sujets les plus proches que leur propose la vie du temps, ils rompent aussi définitivement avec l'art ornemental et monumental qui s'était prolongé jusqu'au milieu du siècle avec toute cette machinerie du grand atelier, du maître et de ses

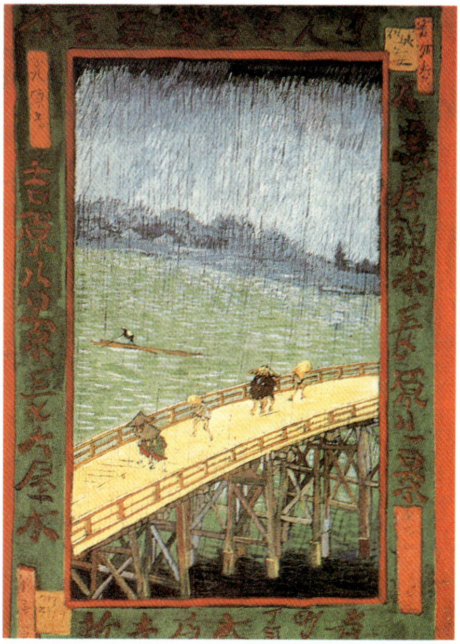

VAN GOGH
Le Pont sous la pluie d'après Hiroshige,
1887.

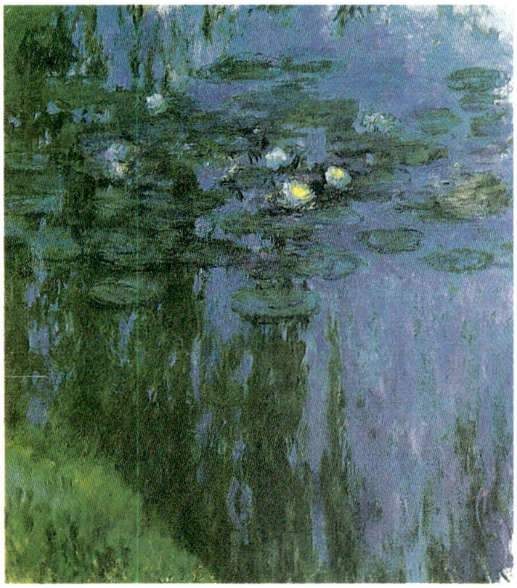

MONET,
Nymphéas, 1916-1919.

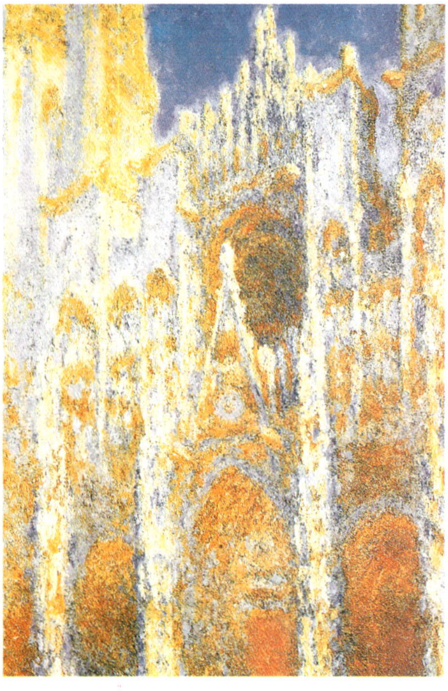

MONET
La Cathédrale de Rouen, effet de soleil, 1893.

élèves, qui était pour l'essentiel le fonctionnement de base de la peinture depuis la Renaissance. Avec eux, et indépendamment des personnalités de chacun, l'art devient résolument individuel, individualiste même. Comme ces artistes japonais de l'ukiyo-e, cet art de la vie flottante au fil des jours, que pour la plupart ils admirent profondément et qu'ils ont découverts comme leurs pendants orientaux, eux aussi s'individualisent, et presque se spécialisent. La condition sociale de l'art a changé. Rien d'étonnant alors si lorsque le renom, sinon la gloire, est enfin accessible à certains d'entre eux, on les voit se détacher peu à peu de la collectivité transitoire qu'ils ont formée et qui les a portés pour poursuivre la voie solitaire qui leur est propre.

Certains, d'une génération plus tardive et formés sur le tas, comme Vincent Van Gogh et Gauguin, parcourent plus vite encore cette épreuve d'agrégation puis de rupture et de quête propre. Cézanne se fait « ermite » à Aix-en-Provence, cherchant une « vérité de la peinture » qui lui soit propre, mais en l'œuvre de qui beaucoup verront celle d'un primitif d'un art nouveau. Très loin de la tradition picturale, mais loin aussi de l'impressionnisme et de sa lumière du moment qu'il n'a fait que côtoyer, Monet, le plus constant, le plus obstiné aussi de la lignée qu'il a lui-même définie, va se lancer dans ses séries de *Meules*, de *Peupliers*, de la *Cathédrale de Rouen*, de *Vues de la Tamise*... et enfin dans les *Nymphéas*, cette œuvre qui est à la fois peinture et espace, monde et peinture, cette œuvre qui englobe sa vie et dont il s'entoure.

Vers 1885, l'impressionnisme s'est déjà suffisamment affirmé pour qu'un esprit tout de rigueur, comme Georges Seurat, cherche à introduire une véritable science de l'optique dans le travail pictural et crée avec le néo-impressionnisme ce qu'il faut bien considérer comme la première théorie délibérée en art.

Quelques années encore et l'activité de groupe organisé appartient définitivement au passé. L'affaire Dreyfus isole Degas, sensible aux sirènes nationalistes des antidreyfusards. La rupture est déjà consommée entre Zola et Cézanne, les deux amis d'enfance, depuis la publication de *L'Œuvre*, où Cézanne s'est reconnu sous les traits de Claude Lantier, l'artiste raté. Van Gogh s'est suicidé à Auvers parce qu'il s'« ennuyait trop ». Gauguin part vers un autre lointain, les îles du Pacifique, réinventer un art primitif avec d'autres valeurs humaines. Monet voyage, avant de se fixer définitivement à Giverny dans un cadre élaboré pour son œil, selon sa conception.

La mort aussi a commencé activement son œuvre de dispersion.

En 1894, le legs que Caillebotte fait à l'État de sa collection des œuvres de ses amis, sous réserve qu'elle soit destinée au Louvre, soulève une dernière tempête chez les tenants de la tradition et scelle l'importance des impressionnistes dans l'histoire artistique, et même simplement dans l'histoire des dernières trente années. La postérité ajoutera du génie à Cézanne et à Monet, de la vertu à Pissarro et à Sisley, le mérite de préfigurer un courant résolument novateur à tel ou tel autre, pour ne rien dire de l'étonnement durable où l'auront plongée Van Gogh, Gauguin et même Seurat.

Le tableau est achevé, campé. Curieusement, quoi que l'on veuille, ces instants se sont densifiés. Comme un Cézanne de la dernière époque, un « vrai » Cézanne. C'était cela l'impressionnisme, c'était ce temps, c'étaient ces gens. Ils nous ont appris à « regarder » ce que la plupart se contentaient et se contentent toujours de « voir ».

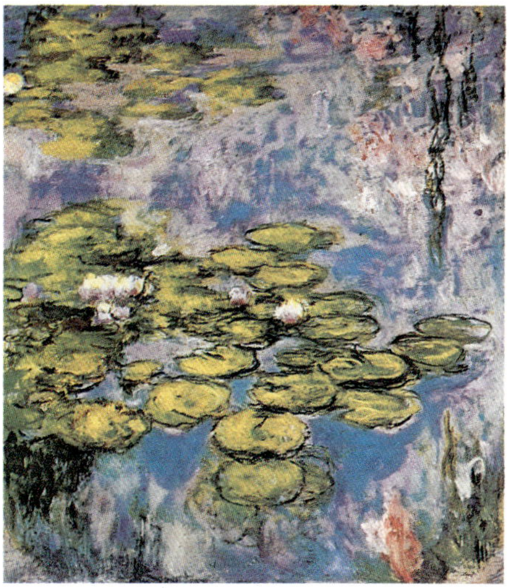

MONET
Nymphéas, 1916-1919.

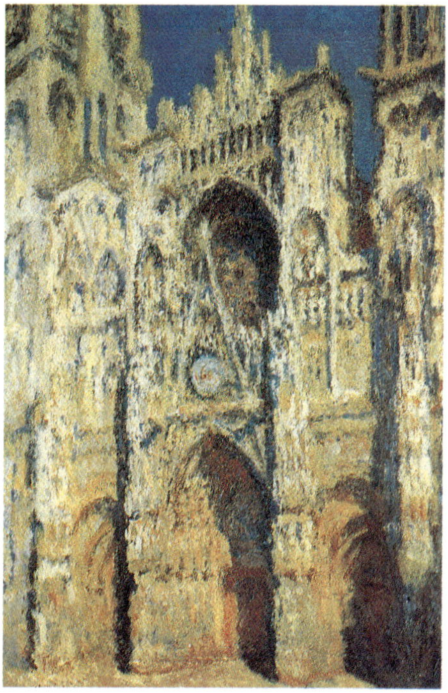

MONET
La Cathédrale de Rouen, plein soleil. Le Portail et la tour d'Albane, 1893.

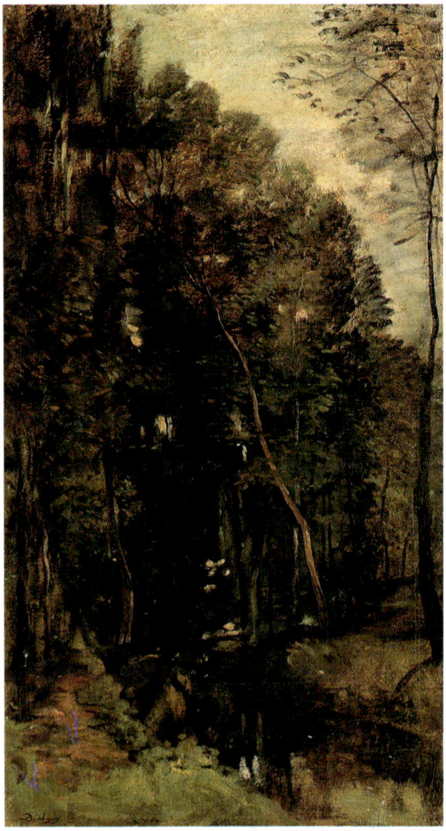

DAUBIGNY

Sous-bois et ruisseau.

Daubigny joue envers les impressionnistes le rôle d'un précurseur, et d'un précurseur bienveillant. Ce sont les lieux de son inspiration, son goût de la peinture de plein air, ses paysages d'eau qui le rattachent au mouvement, alors qu'il est clairement, par son âge et ses fréquentations, proche du groupe des peintres de Barbizon.

Sa solide formation académique — il a fait à dix-neuf ans le voyage d'Italie — et son travail dans l'atelier du peintre d'histoire Delaroche ne l'empêchent pas d'affirmer la beauté des champs et des eaux, les impressions de campagne et de bois qui l'inspirent, dès ses premiers succès au Salon, notamment à celui de 1857.

Son engouement pour le jeu des eaux l'amène à s'installer sur un bateau-atelier, que les blanchisseuses, en le voyant circuler sur la Seine ou sur l'Oise, vont baptiser le *Botin* (certainement « la petite boîte »).

Un autre lien que Daubigny partagera avec les impressionnistes et notamment avec Pissarro, Cézanne et tous ceux qui fréquentent cette région de l'Oise, c'est le village d'Auvers, dont il fera le port d'attache de ses excursions et séances de travail sur la rivière.

Son *Botin* fera même un émule avec le bateau-atelier que Monet utilisera à Argenteuil dans le même dessein d'un travail sur l'eau.

À propos d'œuvres de Daubigny, comme *Les Vendanges en Bourgogne* exposées au Salon de 1863, les critiques réceptifs parleront pour la première fois d'une peinture d'« impression », d'une « peinture du moment ». En fait, Daubigny participait déjà de la grande innovation en cours, n'ayant pas craint d'affirmer que l'on « ne peignait jamais assez clair ».

« Daubigny, un ambitieux, un libéral, un libre-penseur, pour un peu un matérialiste ! », disait de lui avec fureur Nieuwerkerke, le surintendant des Beaux-Arts de l'Empire. Nonobstant cette hostilité, Daubigny, plusieurs fois membre du jury annuel, sera l'un des rares avec Corot à défendre la génération impressionniste, qui prolonge ses propres idées. Durant le siège de Paris en 1870, réfugié à Londres comme Pissarro et Monet, il les présentera à Durand-Ruel, son marchand.

Certains de ses tableaux — *La Neige dans la campagne d'Auvers* (1873), *Les Champs au mois de juin* (1874) — expriment avec intensité combien l'univers de ses représentations est proche des grands impressionnistes du plein air, au point même de fasciner Van Gogh.

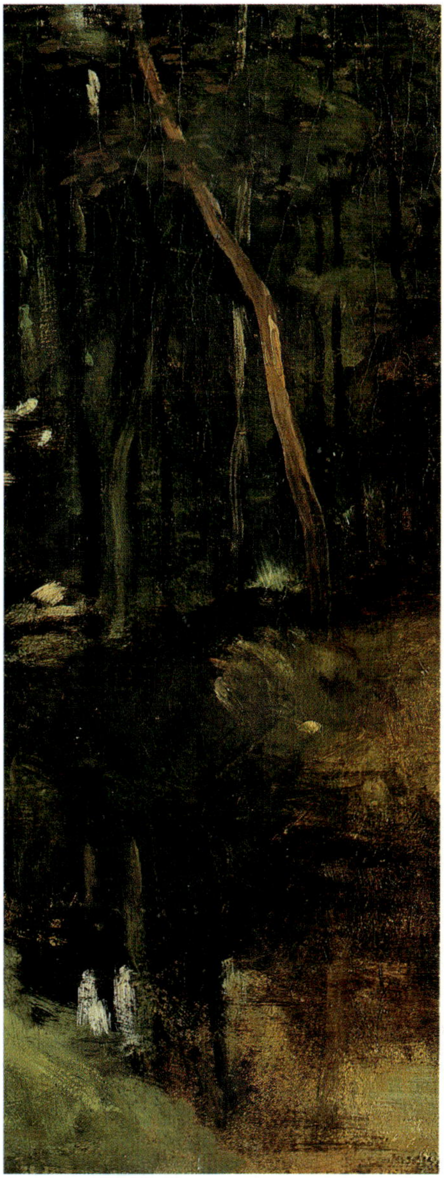

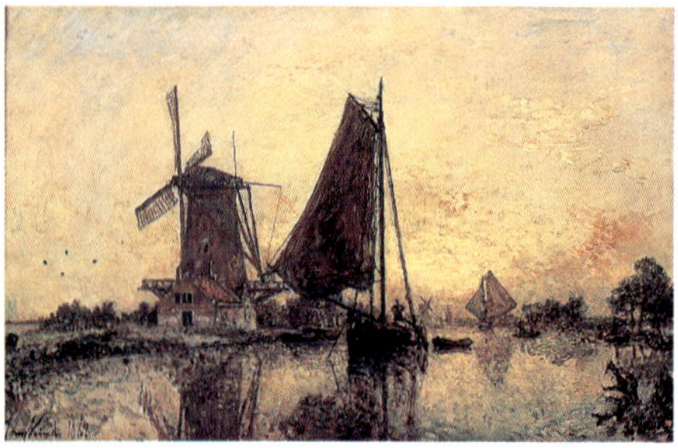

JONGKIND

En Hollande, les barques près du moulin, 1868.

Manet voyait dans le « grand » Jongkind le père du paysage moderne. Ses aquarelles étaient admirées comme de pures merveilles par Cézanne et Pissarro. Monet lui devait, disait-il, « l'éducation définitive de son œil ».

Jongkind a été le premier impressionniste avant la lettre et c'est pour évoquer ses clairs de lune et ses vues de la Seine que le critique Castagnary développera pour la première fois, à propos du Salon des refusés de 1863, les notions d'« impression » et d'« effet ».

Né dans un pays maritime où les eaux sont très présentes, dans la peinture comme dans la vie, sa rencontre en 1845 du paysagiste et peintre de marines Eugène Isabey décide de sa venue à Paris et de sa carrière en France. Apprécié tout d'abord au point d'être pensionné, jusqu'en 1853, par la Cour de Hollande, Jongkind vécut malgré la différence de génération dans la proximité du premier cercle impressionniste. Une vie heurtée, des dettes, une bohème trop débridée le plongèrent dans des dépressions alcooliques si graves que ses amis purent le croire perdu, comme l'écrivait à l'adresse de Boudin, le très jeune Monet en 1860 : « Le seul bon peintre de marines que nous ayons est mort pour l'art ; il est complètement fou. [...] Vous avez une belle place à prendre. » La souscription de ses amis le sauva plusieurs fois de la dernière extrémité, mais ce fut surtout l'amour d'une femme aimante, celle qui devint sa compagne, madame Fesser, qui, à partir de 1870, lui évita pour un temps la tragédie absolue vers laquelle il semblait devoir rouler. Miné par l'alcoolisme, il termina ses jours à l'asile de Grenoble, en Isère, ayant auparavant délaissé la peinture pour l'aquarelle.

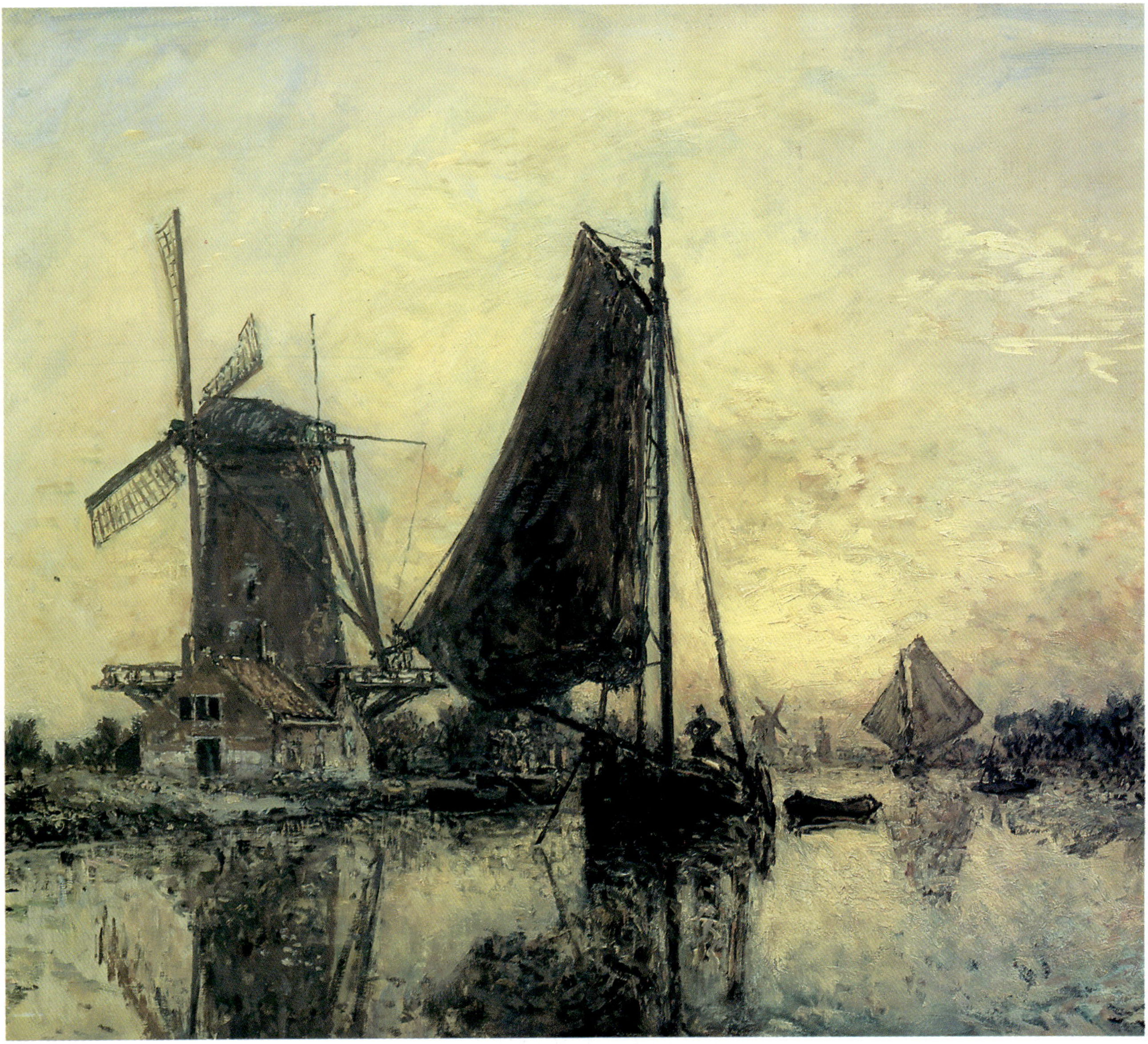

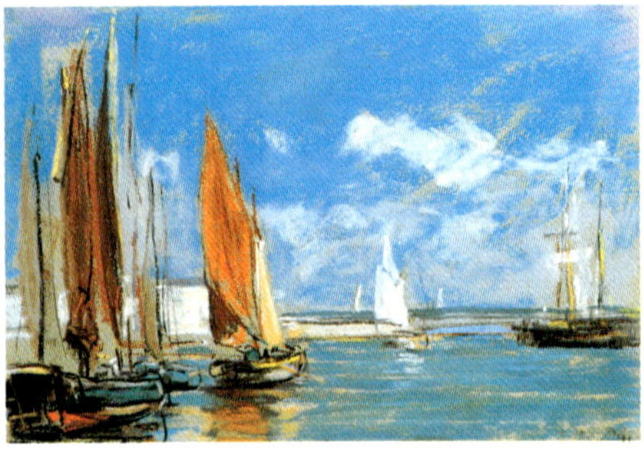

BOUDIN

Voiliers à Honfleur, c. 1854-1860.

« Nager en plein ciel, arriver aux tendresses de nuages, suspendre ces masses, au fond bien lointaine, dans la brume grise, faire éclater l'azur... »

Fils d'un maître d'équipage, familier des steamers du Havre, Eugène Boudin, qui n'aborda que tardivement la peinture, suivit une voie modeste, mais déterminante pour le jeune Monet, rencontré dans une boutique du Havre où il exposait les fruits de sa verve caricaturiste. Il le convainc d'aller travailler en plein air avec lui, le détermine en quelque sorte à franchir le pas qu'il n'osait faire pour constituer le noyau de sa forte personnalité.

Boudin avait été remarqué par Isabey, par Troyon, qui lui donnera, pour lui venir en aide, des travaux de préparation. En 1859, la rencontre de Courbet et de Baudelaire, de séjour à Honfleur, projette Boudin dans l'estime des fortes personnalités du temps. Baudelaire écrit dans son *Salon de 1859* au sujet des pastels que Boudin lui avait montrés alors : « Ces études si rapidement et si fidèlement croquées d'après ce qu'il y a de plus inconstant, de plus insaisissable dans sa forme et dans sa couleur, d'après des vagues et des nuages, portent toujours, écrits enmarge, la date, l'heure et le vent ; ainsi par exemple : 8 octobre, midi, vent de nord-ouest... La légende cachée avec la main, vous devineriez la saison, l'heure et le vent. Je n'exagère rien. J'ai vu. »

Même si la figure de l'homme est absente de ces études, la description de Baudelaire sonne ici comme la définition d'une des aspirations les plus fortes des impressionnistes.

Ses ciels surtout suscitent l'admiration de Courbet, de Daubigny, de Corot. Plus tard, Geffroy le rangera parmi les précurseurs, parce que pour Boudin « le noir n'existe pas, l'air est transparent ».

Cet homme tranquille, ce « séraphin qui connaît le ciel », comme s'exclame un jour Courbet, fréquente assidûment les bords de mer en Bretagne, en Normandie, en Picardie, voyage aussi en Belgique et aux Pays-Bas, découvre sur le tard Antibes, Juan-les-Pins et aussi Venise.

En 1892, de retour en Normandie, peu avant sa mort, lui qui avait été peintre et seulement peintre, mais qui n'avait jamais pu, faute de moyens matériels, se lancer dans des œuvres monumentales, rappelait à Monet qu'ils allaient ensemble « s'essayer au paysage dans la vallée de Rouelles ou sur le rivage de Sainte-Adresse... à Trouville et Honfleur avec ce bon et regretté Jongkind ».

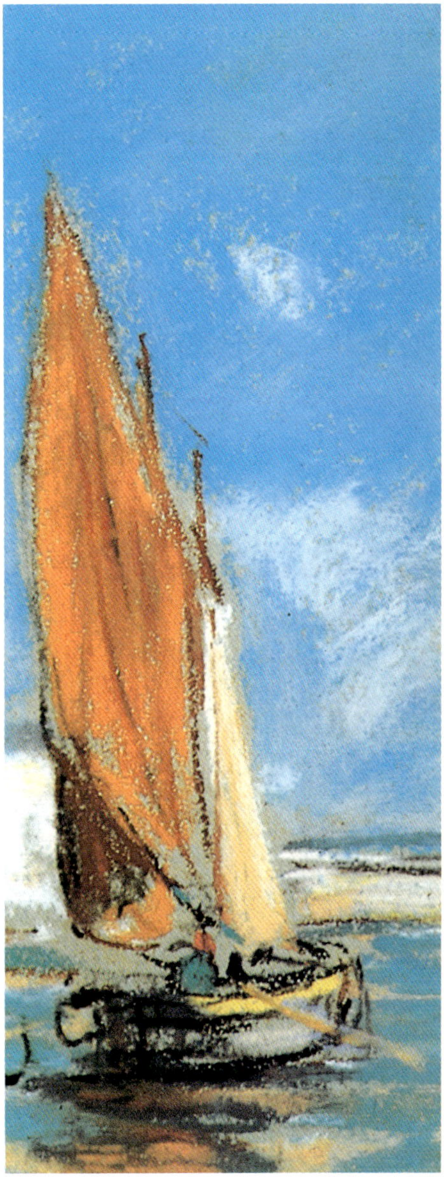

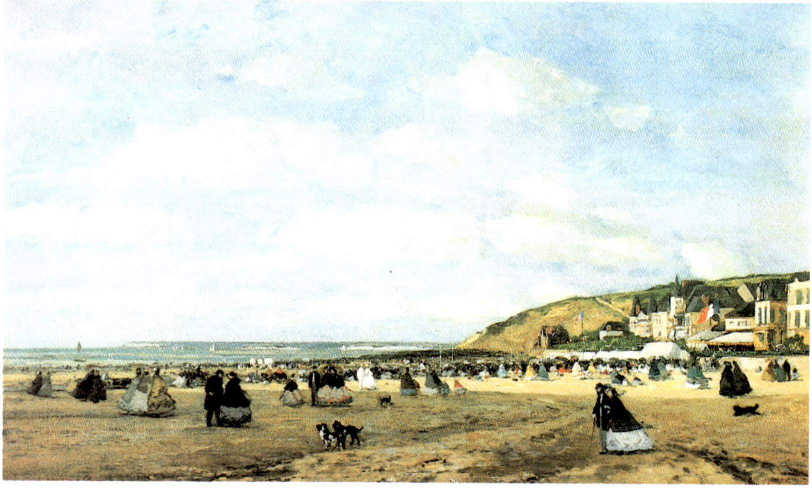

La Plage de Trouville, 1863.

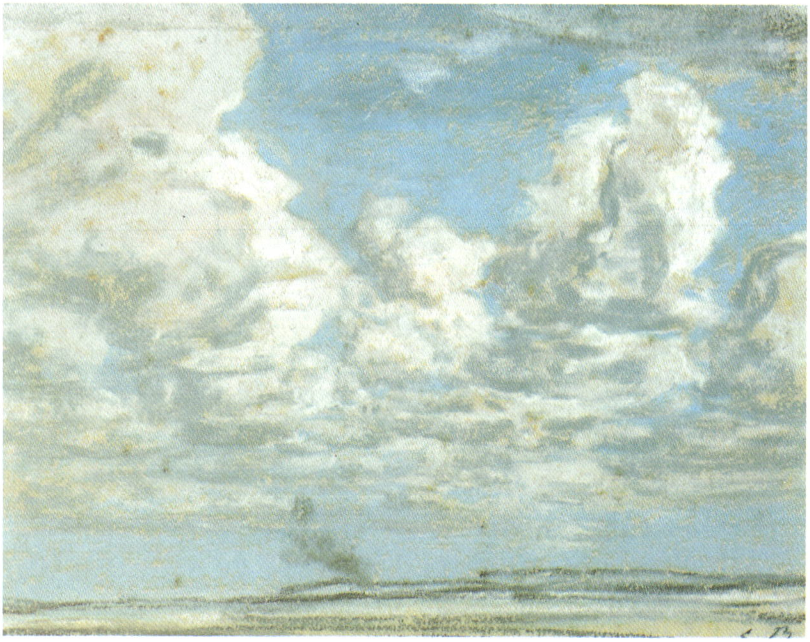

Nuage blanc, 1854-1859.

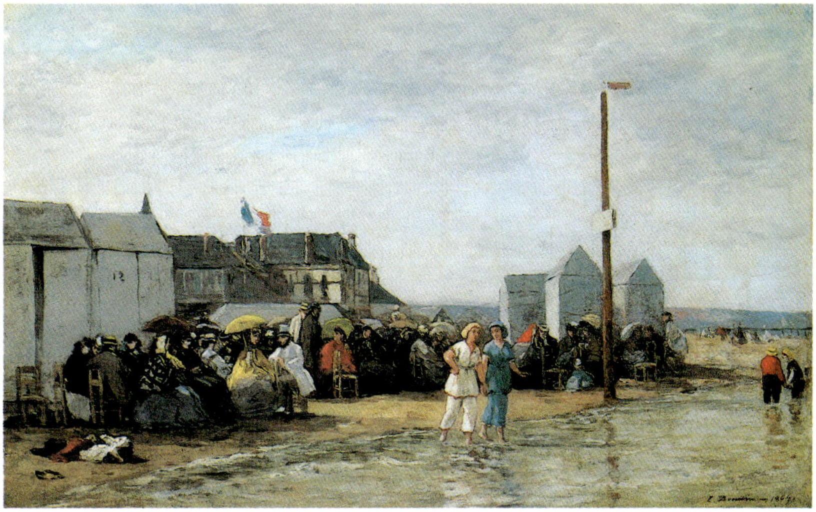

L'Heure du bain, 1864.

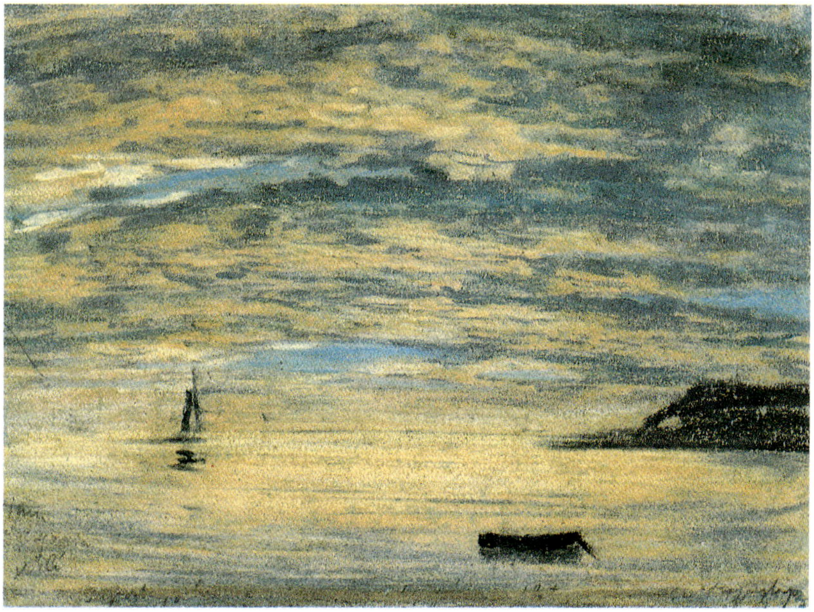

Couchant et falaise (Étretat), 1854-1859.

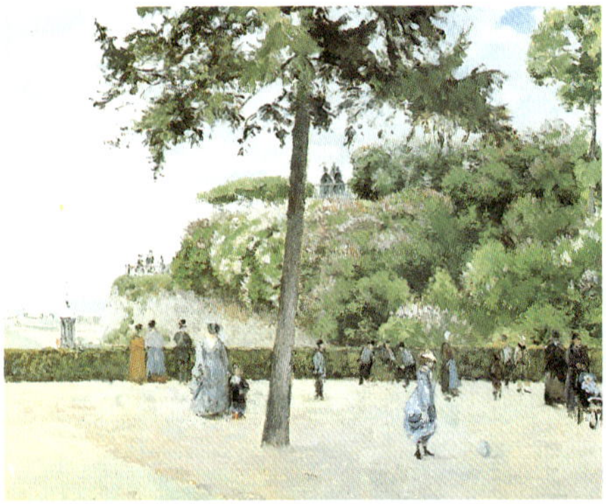

PISSARRO

Le Jardin de la ville, Pontoise, 1874.

Dans la « famille » impressionniste, Pissarro joue certainement le rôle du meilleur pédagogue, comme aussi bien celui du bon berger qui rameute les béliers réticents, afin de faire front contre tous ceux qui voudraient la dispersion du groupe. Son père, commerçant en quincaillerie, israélite d'origine bordelaise installé aux Antilles, l'envoie étudier à Paris, mais ses études révéleront surtout ses dons pour le dessin. De retour aux Antilles, il est remarqué par le peintre danois Fritz Melbye, qui l'entraîne étudier au Venezuela. En 1855, il gagne Paris et la France définitivement. Ces années de formation l'amènent à travailler avec Anton Melbye, le frère, aux Beaux-Arts de Paris, et sur le motif un peu partout en Île-de-France. « ... J'ai connu Pissarro en 1858 » (lettre de Claude Monet en 1925). Admis en 1859 au Salon, refusé en 1863, il participe alors au Salon des refusés, la contre-épreuve autorisée et demandée par l'empereur. En 1861, il a rencontré « ce curieux Provençal », Cézanne, à l'académie Suisse. Cézanne, vieux, de dire de son côté : « Pissarro a été un père pour moi. » L'*Olympia* de Manet en 1865 cristallise les courants. À partir de 1866, Pissarro donne la réplique à Manet au café Guerbois, comme il le fera plus tard à la Nouvelle Athènes. Il vit à Paris et à Pontoise, et huit enfants lui naissent de son union avec Julie Vellay. L'aîné, Lucien, deviendra lui-même peintre. 1866 : *Paysage des bords de la Marne en hiver*. Zola commente pour ce Salon : « Peinture austère et grave, souci extrême de la vérité et de la justesse... Monsieur, vous êtes un artiste que j'aime. » Pissarro, qui a eu une enfance très protégée, est devenu un anarchiste convaincu et choisit délibérément les sujets les plus humbles ou les plus désolés. Il s'installe à Louveciennes. Pendant la guerre de 1870, il se réfugie à Londres, mais nombre de ses toiles servent dans son jardin de tapis de pied aux Prussiens, qui ont installé une boucherie dans sa maison. Comme Monet, également réfugié, il est séduit par les paysages anglais, découvre les grands Anglais du XVIIIe et du XIXe siècle : Gainsborough, Reynolds, Constable, Turner. Après juin 1871 : de nouveau à Louveciennes, puis à Pontoise (1872). Cézanne, lui, s'installe à Auvers-sur-Oise avec sa famille en 1872. Période de recherches communes, avec Guillaumin, Gauguin, Piette et d'autres, qui coïncide aussi avec la mise en œuvre de sept des huit expositions « impressionnistes ». De ces expositions, Pissarro sera avec Degas et Monet le plus actif instrument : lui seul au reste participera à toutes. Le groupe ne veut plus d'un bon vouloir extérieur ou d'un agrément au coup par coup. Mais comme il est difficile de tout temps à faire œuvrer ensemble des peintres, même quand ils sont proches, même quand ils sont amis !

Toute sa vie, malgré les difficultés — la misère par moments — Pissarro eut à cœur de nouer et de renouer ces fils d'amitié, cette force intérieure que forge le travail en commun et l'engagement collectif devant le public. Son œuvre constante et abondante, toute concentrée sur les effets et les vues d'extérieur, n'eut jamais le dynamisme prodigieux de celle d'un Monet, engagé lui dans une véritable conquête visionnaire. Mais il fut sans aucun doute aussi plus proche des « jeunes », s'intéressant très vite à Gauguin avec qui il se trouvait également des connivences politiques, cédant un moment à l'attrait des conceptions scientifiques du pointillisme de Seurat, bref se montrant en tout un homme convaincu, discret, disponible.

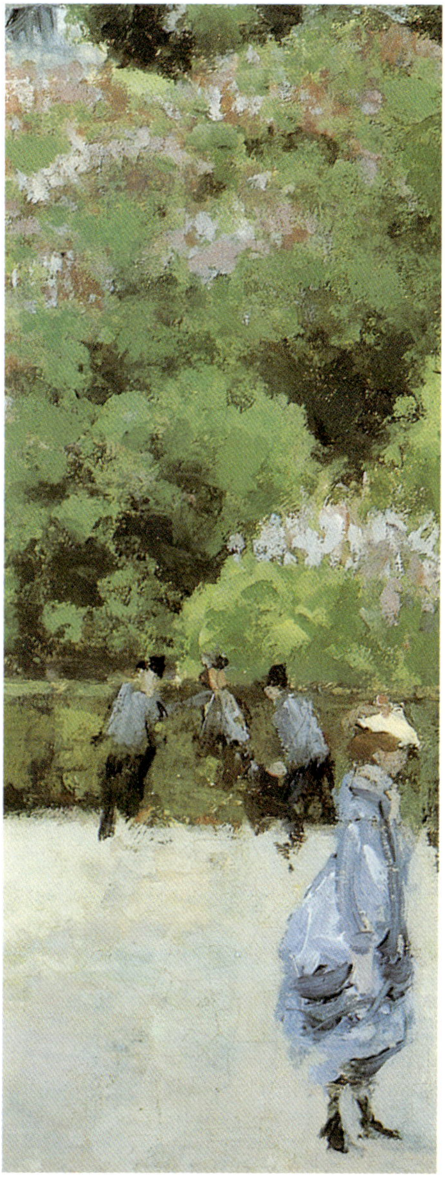

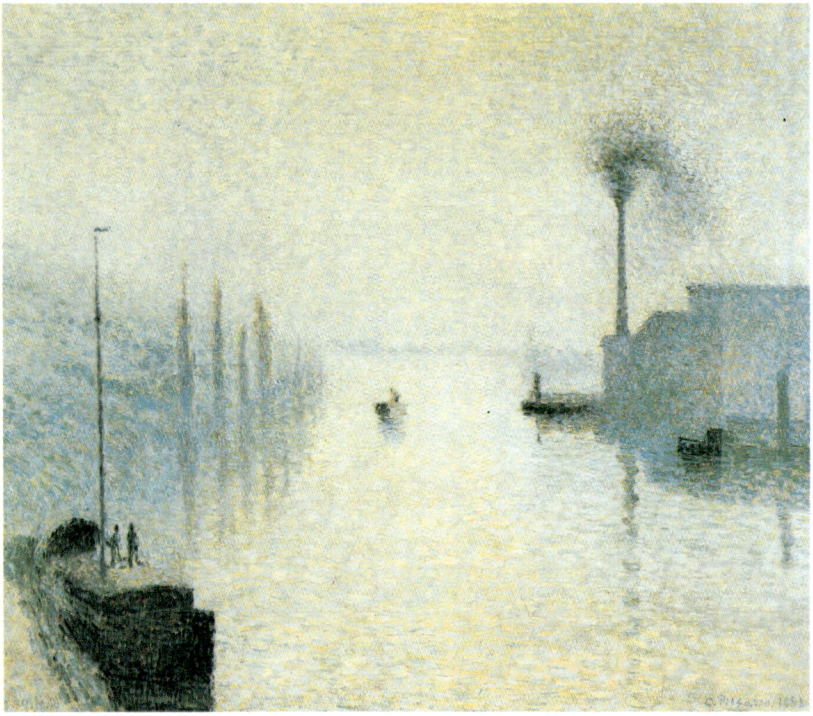

L'île Lacroix, Rouen. Effet de brouillard, 1888.

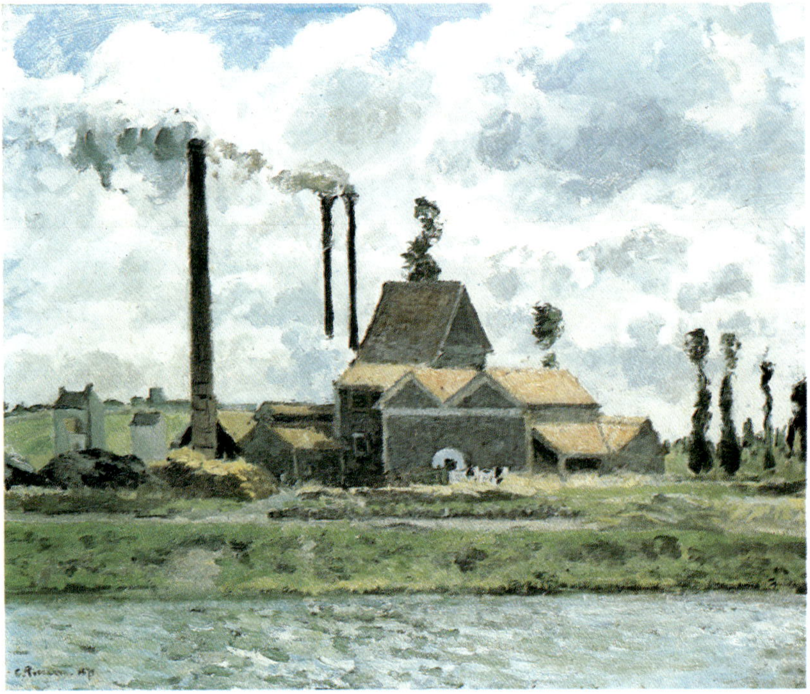

Usine près de Pontoise, 1873.

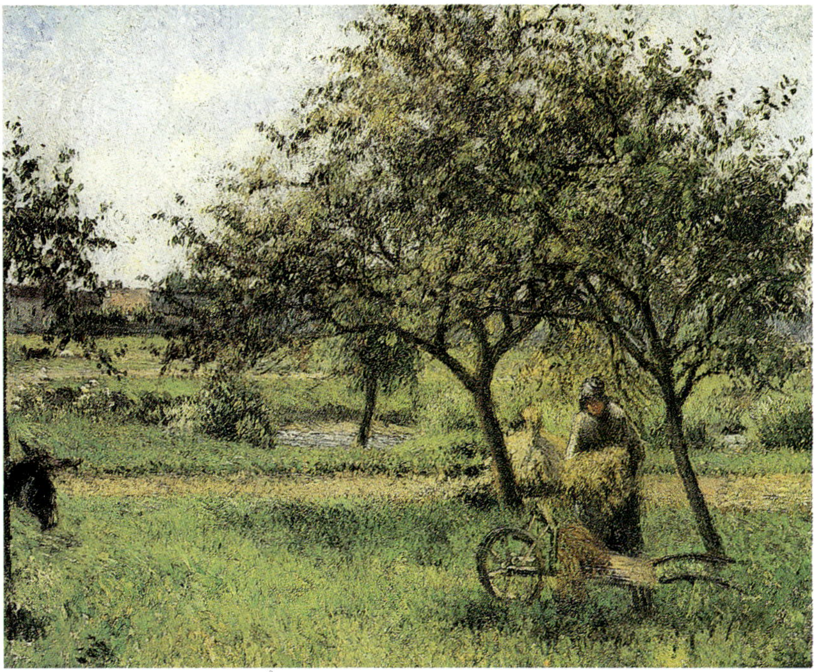

La Brouette, verger, 1881.

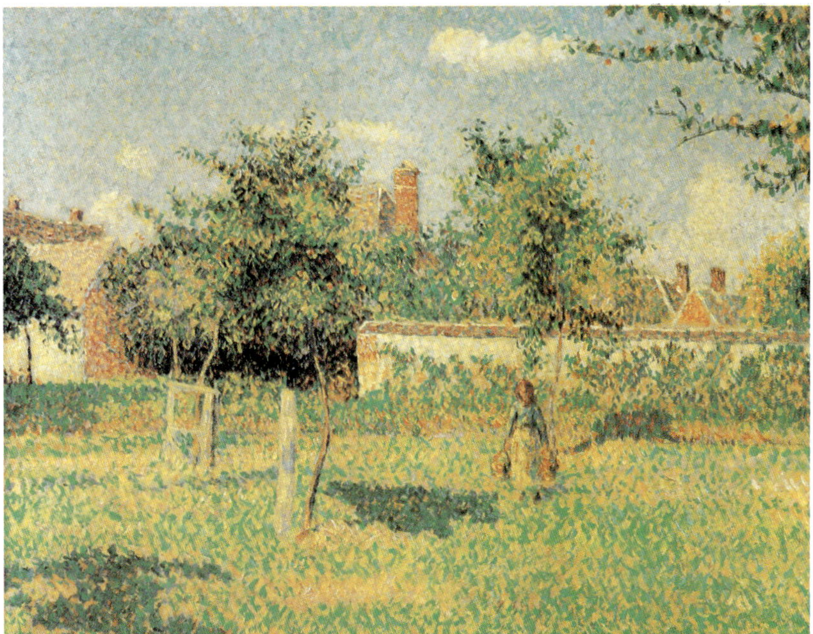

Femme dans un clos à Éragny, 1887.

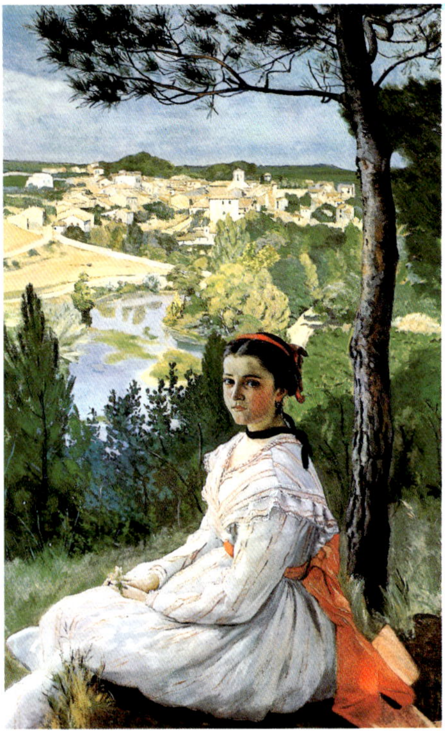

BAZILLE

Vue de village, 1868.

« Nous avons marché sur Bellegarde à travers les bois et par un temps magnifique, entendant quelques détonations dans le lointain, mais peu pressés... Un pivert qui ne savait de quel côté s'envoler est resté à voleter au-devant du bataillon pendant un quart d'heure... » (Dernière lettre à ses parents.)

Frédéric Bazille n'eut ni le temps de se faire connaître ni celui de créer une œuvre considérable. Il n'empêche qu'il fut l'une des figures les plus attachantes de l'impressionnisme naissant, celui des fantaisies et des espoirs fous de jeunes gens qui savent que leurs engagements vont décider d'un monde. Il a participé aux discussions avec fièvre, se fâchant avec gravité quand cela lui paraissait nécessaire, il a peint ses ateliers de la rue Furstenberg, de la rue de la Condamine, posé — et dans combien de poses ! — pour le *Déjeuner sur l'herbe* de Monet (celui de 1865-1866), il a partagé son atelier avec Renoir, soutenu Monet dans ses difficultés majeures (*L'Ambulance improvisée*), physiques et matérielles, joué la comédie avec Sisley. Nullement en retrait, il portait le même travail, et puis il disparut...

Ses parents, grands bourgeois, protestants, étaient amis du collectionneur Bruyas (le personnage central du célèbre *Bonjour Monsieur Courbet*, de 1854), très attaché à Delacroix et à Courbet lui-même. Contraint par ses parents à étudier d'abord la médecine, il ne put renoncer qu'en 1864 à cette étude sur cadavres, qui lui répugnait.

Déjà familier de Monet, de Renoir et de Sisley, élèves comme lui de l'atelier du peintre Gleyre, il fait à travers ses cousins Lejosne la connaissance de Cézanne et au travers de celui-ci celle de ses amis inscrits à l'académie Suisse, Guillaumin et Pissarro. Le groupe, le noyau impressionniste, est là tout entier, il est de ses amis, même si un groupe ne se définit pas que par des amitiés. Les autres, aussi formidables soient-ils, comme Manet, ne seront pas dans cette familiarité, ou bien viendront après, à côté, parce que leur engagement inspire le respect.

La carrière personnelle de Bazille va de 1863 à 1870. Dates repères : 1863 est l'année du *Bain* de Manet, connu depuis comme *Le Déjeuner sur l'herbe*, la première manifestation éclatante et dérangeante d'un peintre indépendant, 1870 celle de la guerre, de la « défense nationale » où Frédéric Bazille sera tué, après s'être engagé volontairement dans un régiment de zouaves, choisissant là encore d'être en première ligne.

Bazille a peint ses amis, ses lieux de vie, sa famille et les paysages de son Languedoc natal (*La Terrasse à Méric* est de 1866), partagé les premières pérégrinations de Monet à Fontainebleau et en Normandie, manifestant en propre un amour de la poésie et de la musique nouvelle de son temps ainsi qu'un intérêt généreux pour les autres, qui parent son personnage du mystérieux attrait des âmes convaincues et enthousiastes.

La soixantaine de ses œuvres, avec les grandes figures de plein air de Monet et de Renoir exécutées avant 1870, témoigne de l'atmosphère généreuse, encore flottante, des élans « impressionnistes » avant la lettre.

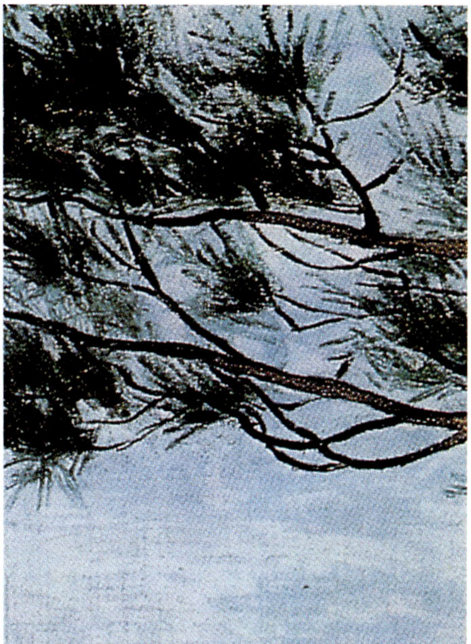

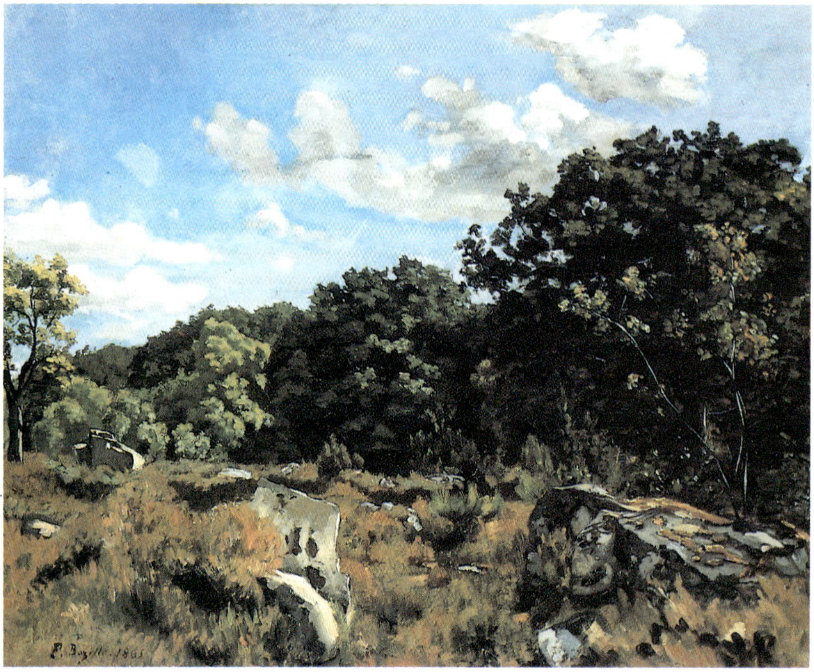

Paysage à Chailly, 1865.

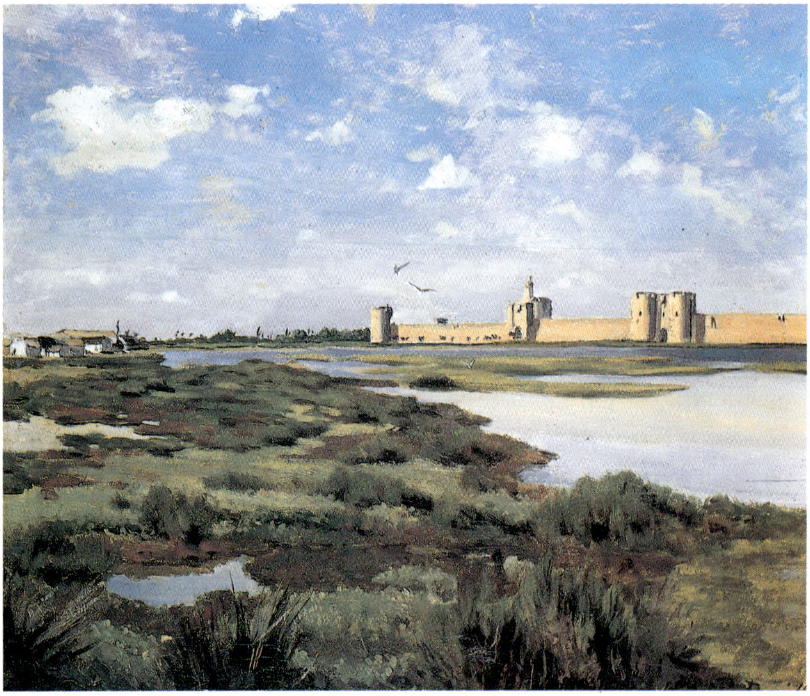

Aigues-mortes, 1867.

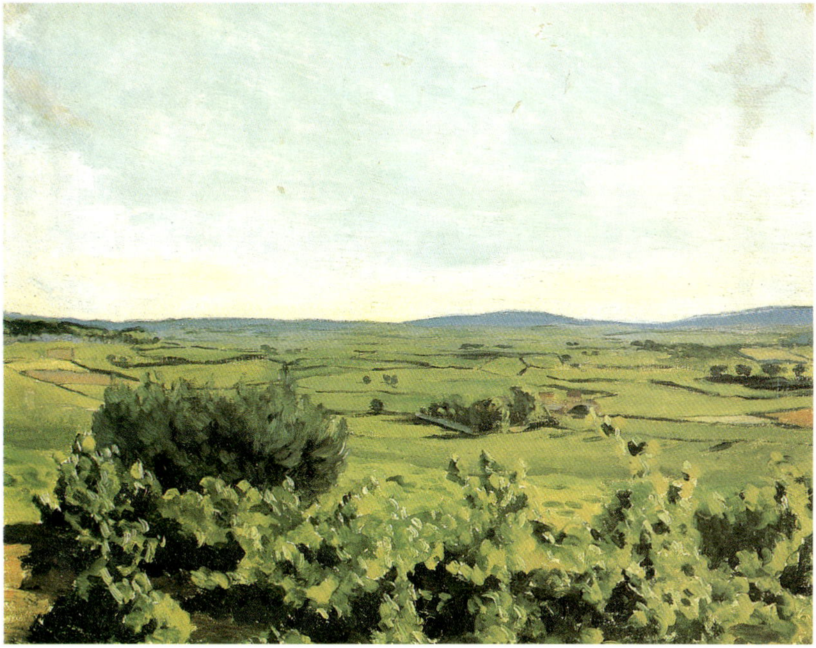

Vendange (étude), 1868.

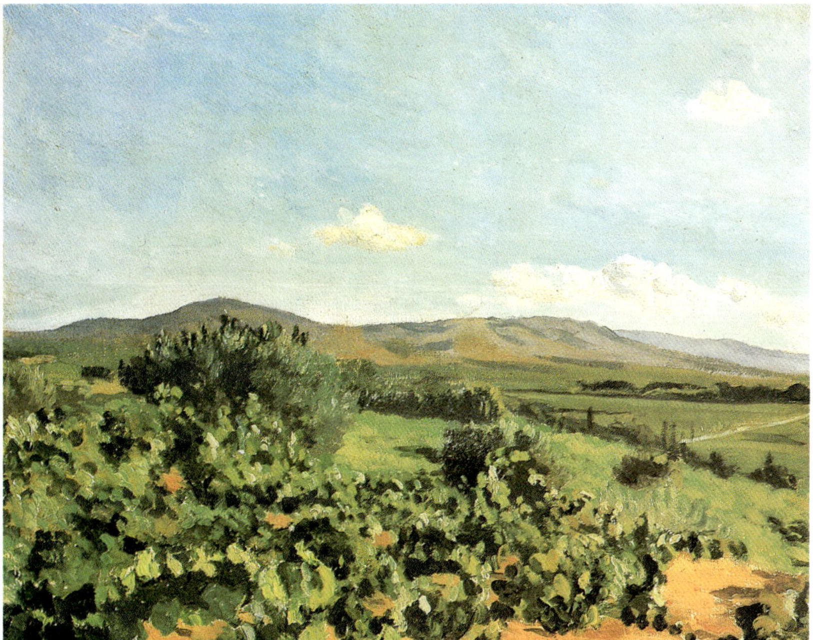

Vendange (étude), 1868.

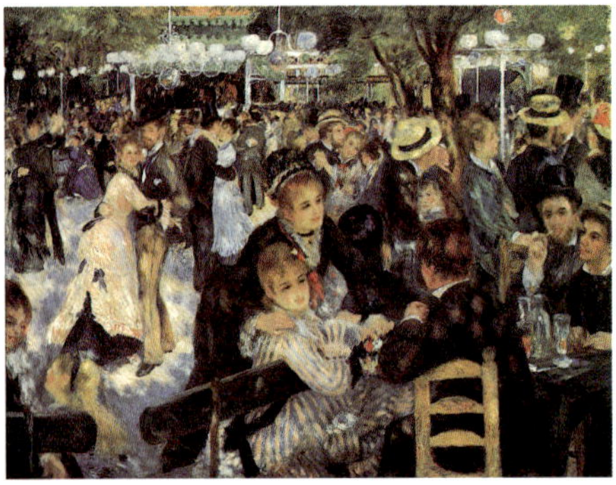

RENOIR

Renoir ou la grâce : la beauté des femmes, l'amour de la vie, le chatoiement des lumières, le quotidien magnifié et le fil émouvant des jours. Renoir n'est pas un intellectuel, même s'il ne manque nullement d'esprit, d'alacrité, de gouaille. Il n'ouvre pas de nouveaux chemins, inexplorés de la peinture, et son art n'est pas un message que les générations futures auront à déchiffrer. Son talent de coloriste disparaît avec lui, comme disparaît l'art de l'artisan, ce qu'il est au fond resté depuis sa formation dans un atelier de décoration parisien, pour suivre les commandements d'un père resté fidèle à ses exigences limougeaudes : acquérir un métier, solide et respecté.

Très jeune, il copie aussi sur des éventails les artistes du XVIIIe siècle ; la *Diane au bain* de Boucher l'« empoigne » et il continuera de l'aimer toute sa vie. Il ne se départira jamais de cette sensualité naïve qui le portera à peindre inlassablement des modèles féminins, à montrer les plaisirs populaires, à retracer son intimité familiale, un peu tardive, mais fondée sur les valeurs du peuple et du terroir : Degas lui dira de sa femme, Aline, dans une réunion du Tout-Paris : « Votre femme a l'air d'une reine au milieu de saltimbanques. »

À en croire son fils Jean, le cinéaste, toute la politique de Renoir, sa stratégie d'artiste aussi sans doute, tient dans sa philosophie du bouchon qui flotte aux mouvements de l'eau qui le porte, et ne prétend pas les orienter. Sans y voir malice, il provoquera tout au long de sa carrière l'énervement de certains de ses amis, qui répondent mieux que lui à l'appellation d'« Intransigeants » et que Degas, par exemple, défendra longtemps, simplement parce qu'il plaît sans grande difficulté et parce qu'il a un bonheur à peindre

Le Bal du Moulin de la Galette, 1876.

que peu d'artistes ont connu. Ce bonheur, il l'aura encore, même dans ses dernières années à Cagnes-sur-Mer, quand la maladie et les rhumatismes déformants le cloueront sur son siège et l'obligeront à d'étonnantes contorsions pour pouvoir peindre.

Son travail inlassable, la diversité des thèmes qui le séduisaient, sa bonhomie de caractère ont fait de lui le témoin le plus serein, le plus attrayant de toutes ces années. Il dira lui-même : « Quand Pissarro peignait une rue de Paris, il y mettait un enterrement, moi j'y aurais mis une noce. »

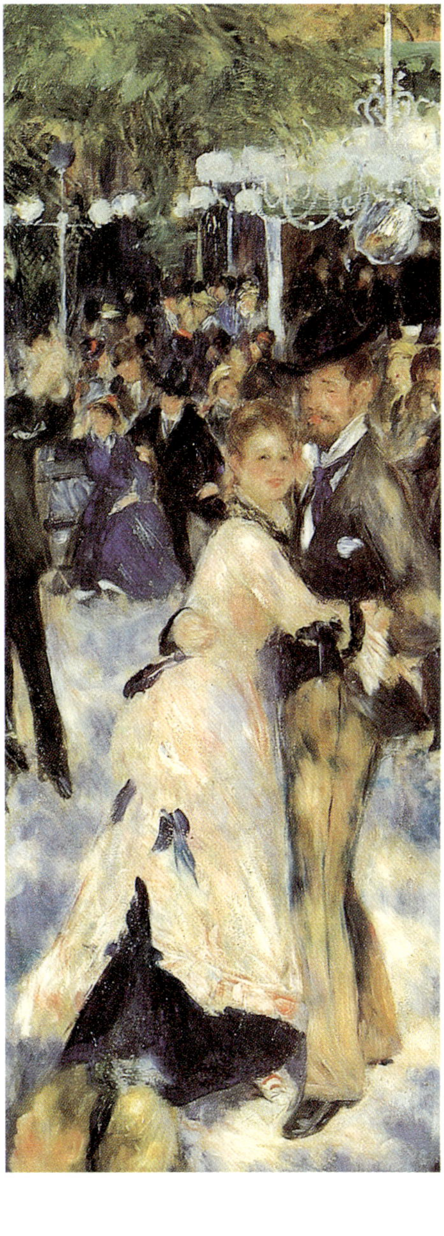

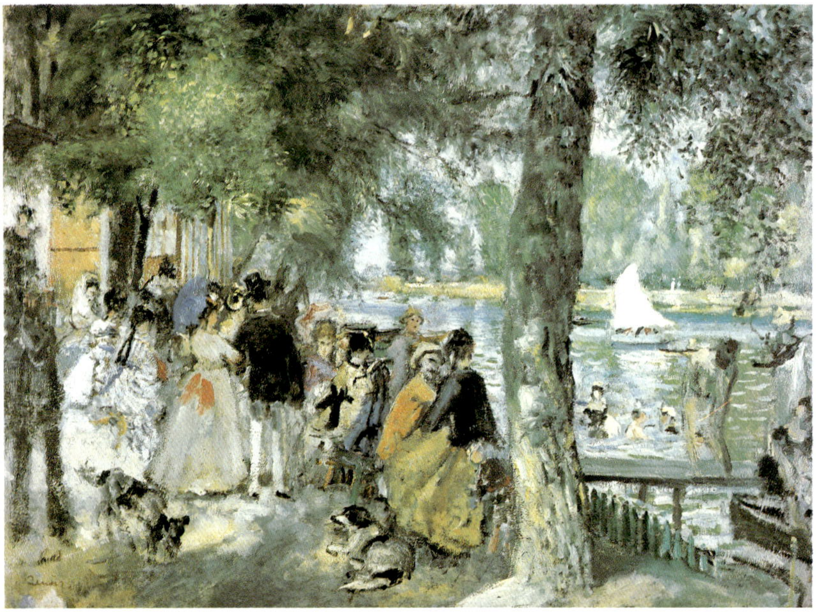

La Grenouillère, 1869.

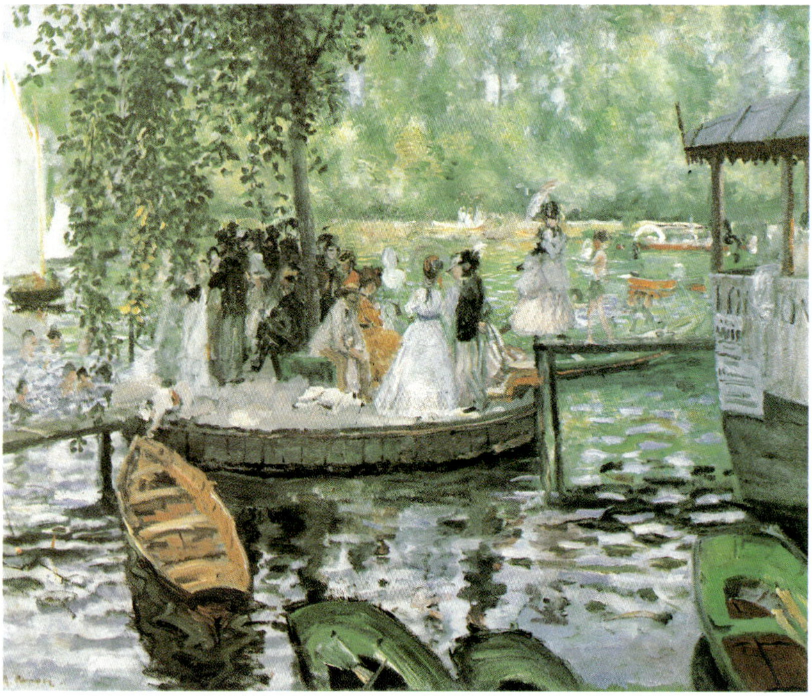

La Grenouillère, 1869.

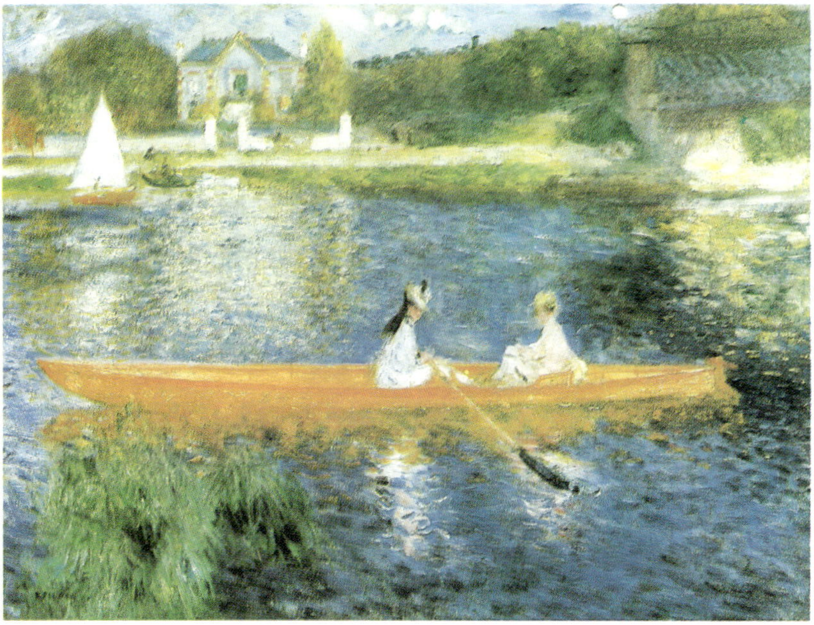

La Seine à Asnières (La Yole), 1879.

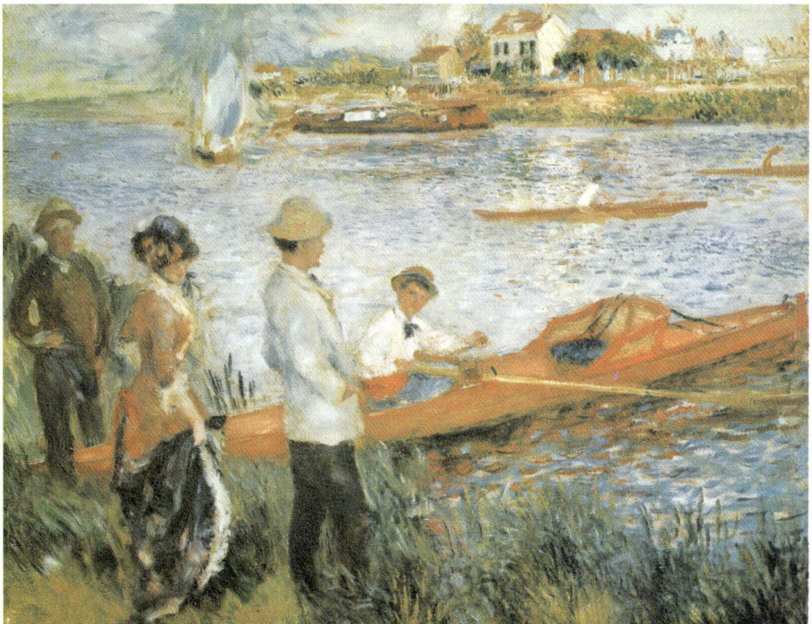

Rameurs à Chatou, 1879.

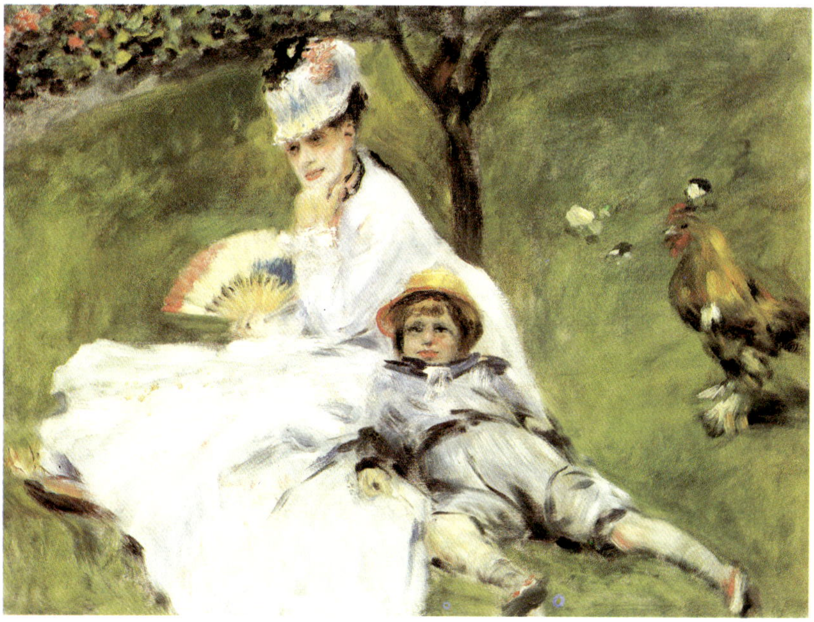

Madame Monet et son fils, 1874.

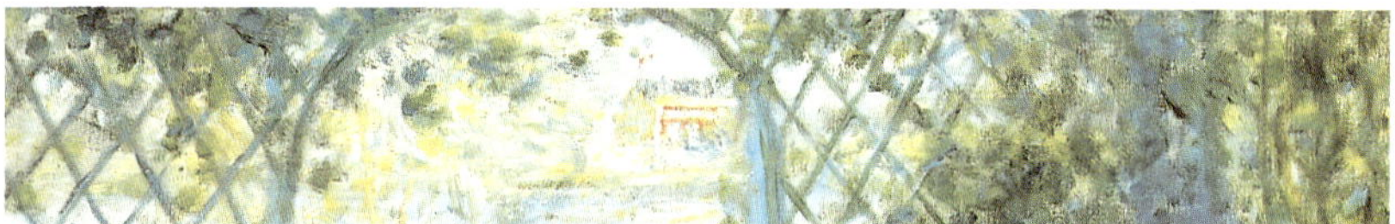

Le Déjeuner au bord de la rivière, 1875-1876.

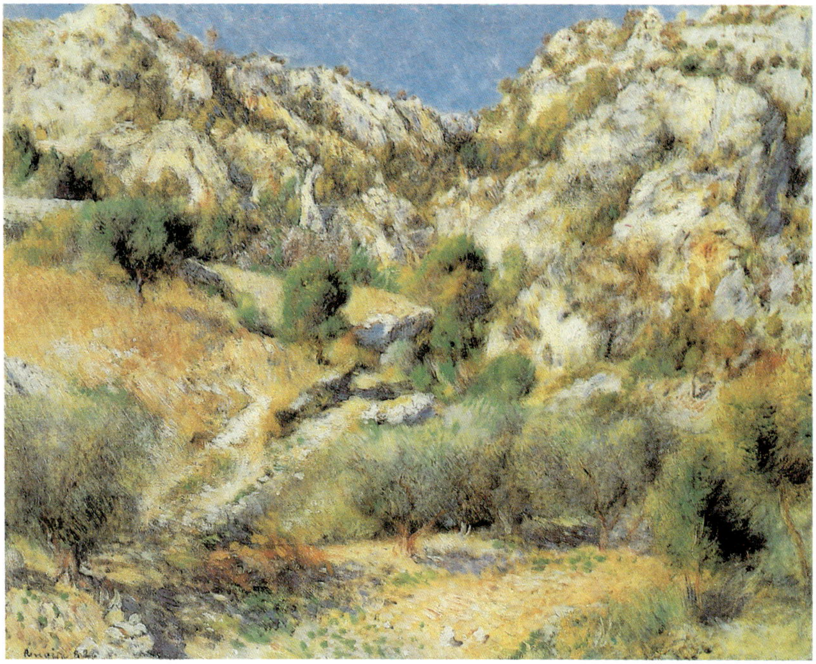

Rochers à l'Estaque, 1882.

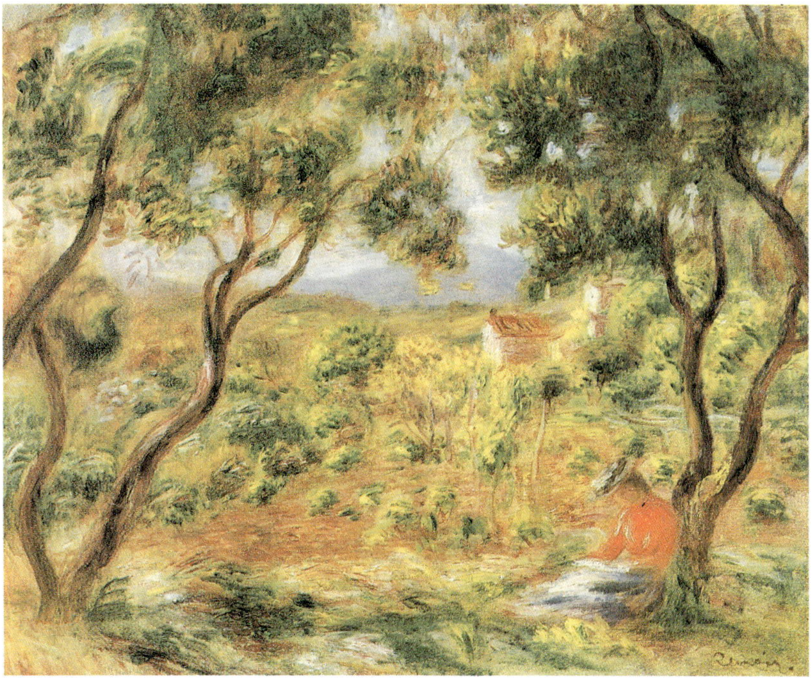

Les Vignes à Cagnes, 1908.

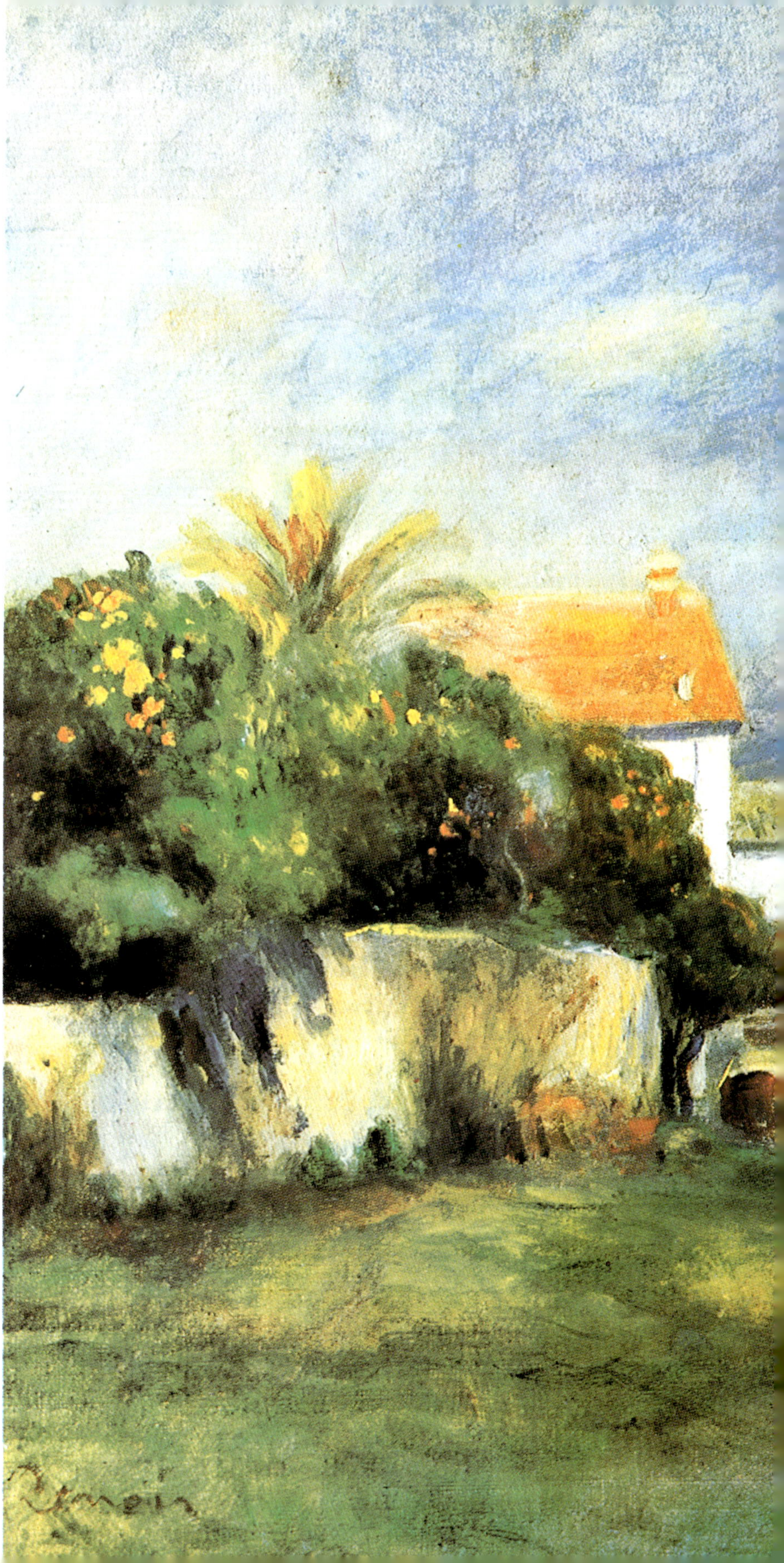

Vue de Cagnes.

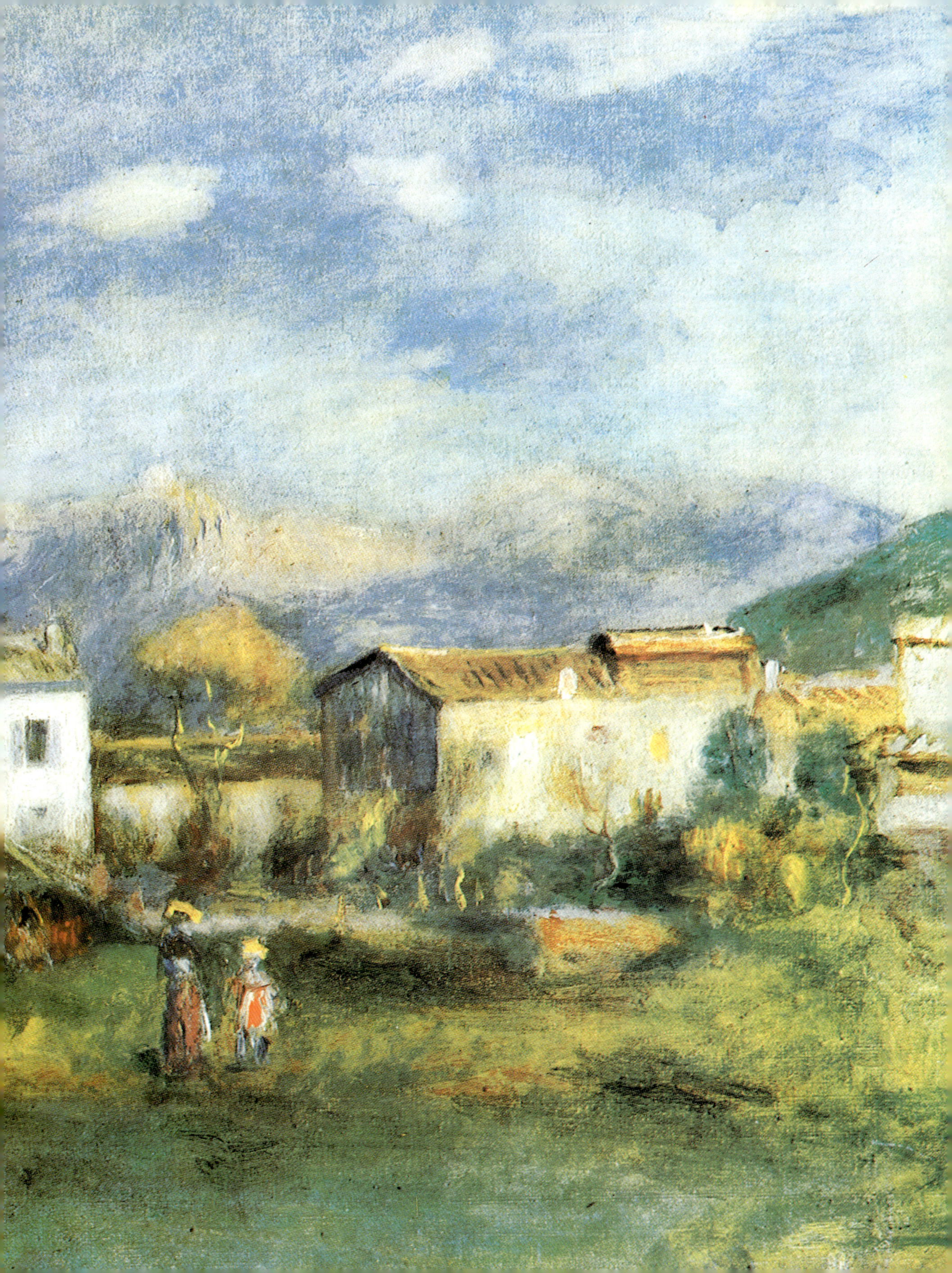

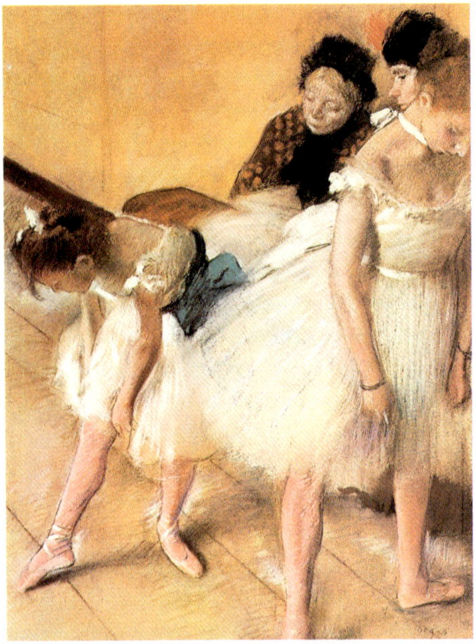

DEGAS

Examen de danse, 1880.

« … Quand le secret de cette grâce aura été perdu [...] les hommes iront contempler les *Danseuses à la barre*, la *Chanteuse verte* ou les *Deux Repasseuses* pour tenter d'imaginer tout ce qu'il pouvait y avoir d'amer et d'exquis dans ce XIXe siècle dont on a tant médit sans en vouloir apprécier la délicatesse, la finesse et même la lyrique, la cruelle vérité » (Guillaume Apollinaire).

Degas avait de la distinction, du mordant et ne craignait pas les écueils. Il fut l'un des grands, comme un personnage abrupt de ce temps, se montrant quelquefois critique et cassant jusqu'à l'absurde. Artiste il fut : habité.

La fragilité de ses yeux — notamment à la suite de ses tours de garde en hiver, pendant le siège de Paris — lui ayant interdit de peindre en plein air, Degas participe davantage de l'impressionnisme par son engagement d'organisateur et ses choix esthétiques que par la technique ou la touche « en virgule ».

Degas était d'une famille cosmopolite, à la fois française, américaine et italienne, ce qui fait qu'il séjournera souvent en Italie et qu'il se rendra même en Amérique.

Célibataire dont la vie privée est restée nimbée de secret, Edgar de Gas, qui signe Degas en tant qu'artiste, est en dépit de ses voyages un Parisien endurci, et même s'il le fait avec moins de provocation que Toulouse-Lautrec, il est de ces élégances plutôt perverses de la fin du XIXe siècle, fréquentant assidûment l'Opéra, les cafés, les champs de course et aussi les bordels.

Il a vingt ou vingt-deux ans quand, lors d'un premier voyage, il s'enthousiasme pour l'Italie, pour Giotto comme pour Véronèse, et copie les maîtres abondamment. Ses premiers sujets seront classiques et inspirés de l'Antique. De cette formation classique, il gardera toute sa vie le goût de la collection, épris qu'il est d'un idéal de beauté résolument grecque, beauté de danses, de musique et de chants, qu'il a l'originalité de poursuivre à travers le réalisme de ses sujets.

Défenseur conscient du mouvement impressionniste, il intervient activement dans son affirmation, jusqu'au jour où, sa misanthropie aidant et son ralliement aux antidreyfusards l'isolant davantage, il se réfugie dans son travail propre aussi longtemps que ses yeux le lui permettent.

Degas, dont les œuvres déjà anciennes atteignaient dès lors des prix exorbitants, disait encore à soixante-dix ans à Ernest Rouart : « Il faut avoir une haute idée, non pas de ce qu'on fait, mais de ce qu'on pourra faire un jour : sans quoi ce n'est pas la peine de travailler. »

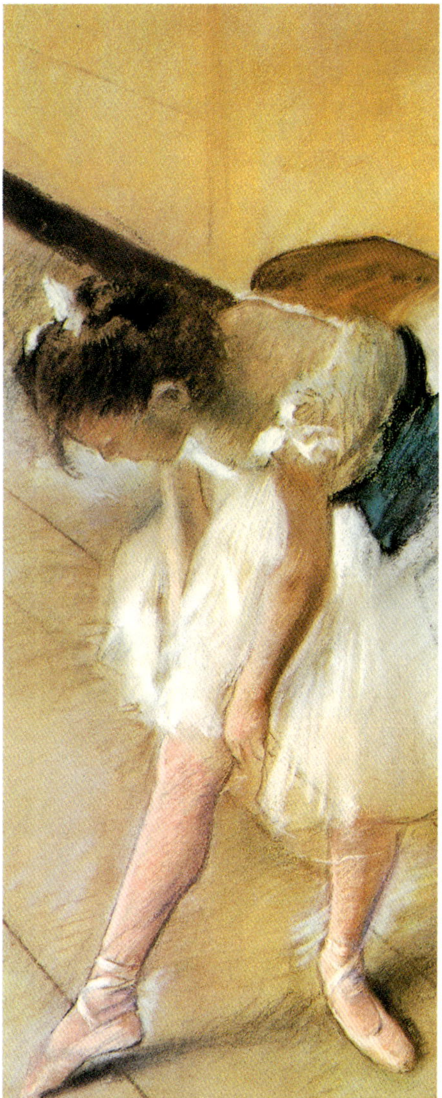

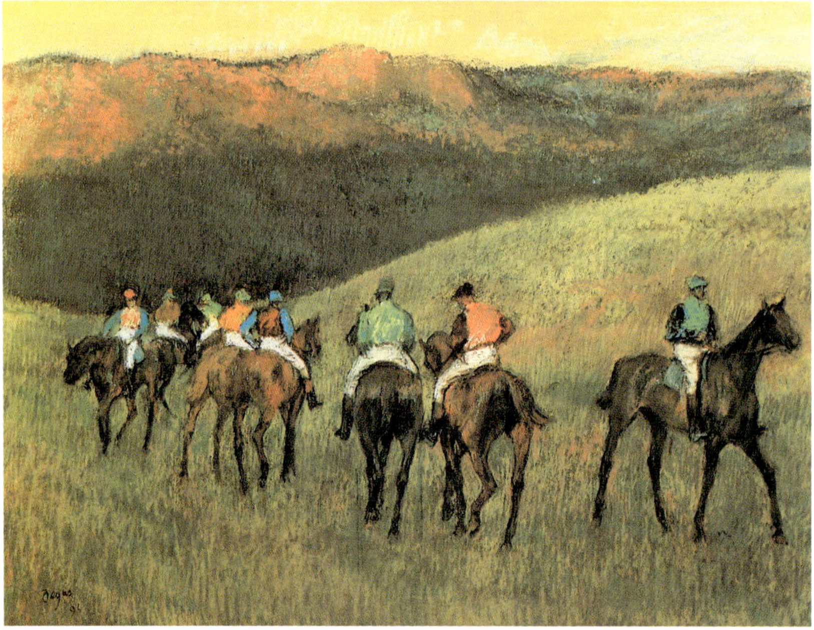

Chevaux de courses devant un paysage, 1874.

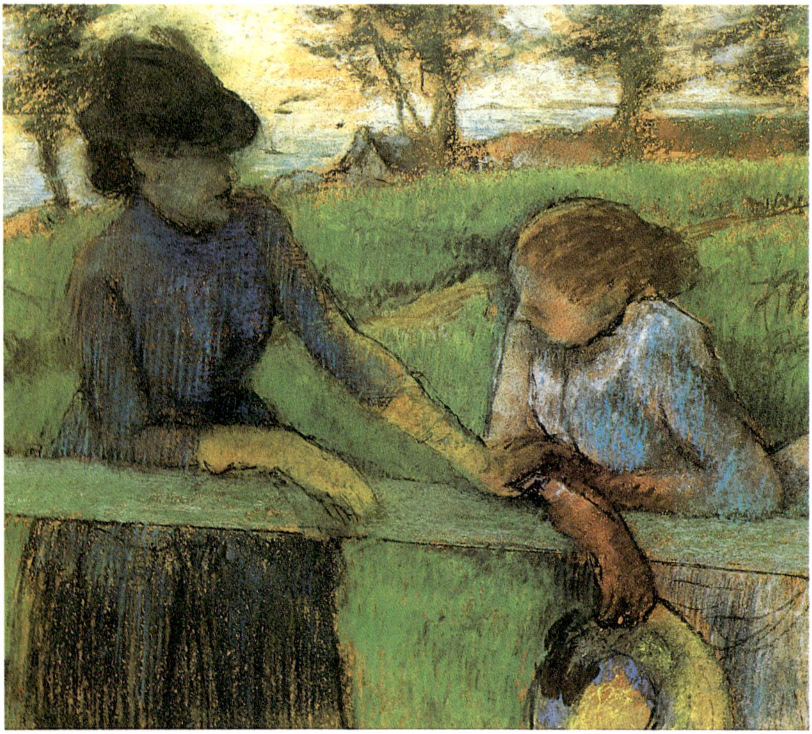

La Conversation, 1890.

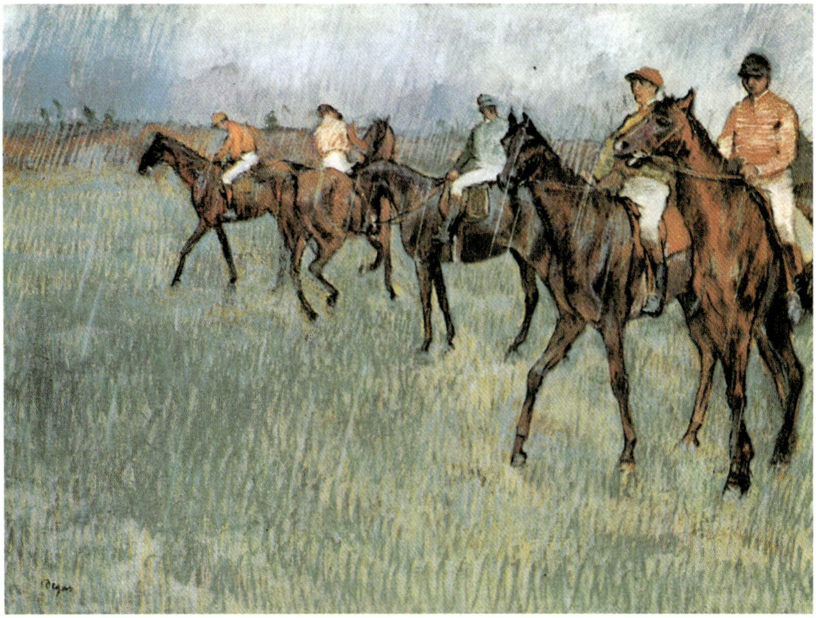

Jockeys sous la pluie, 1881.

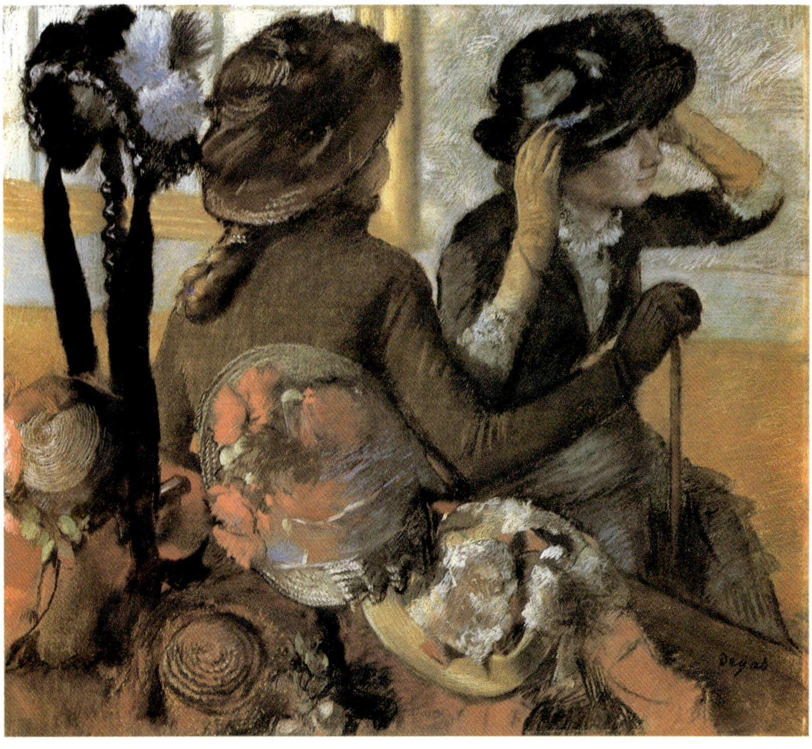

Chez la modiste, 1882.

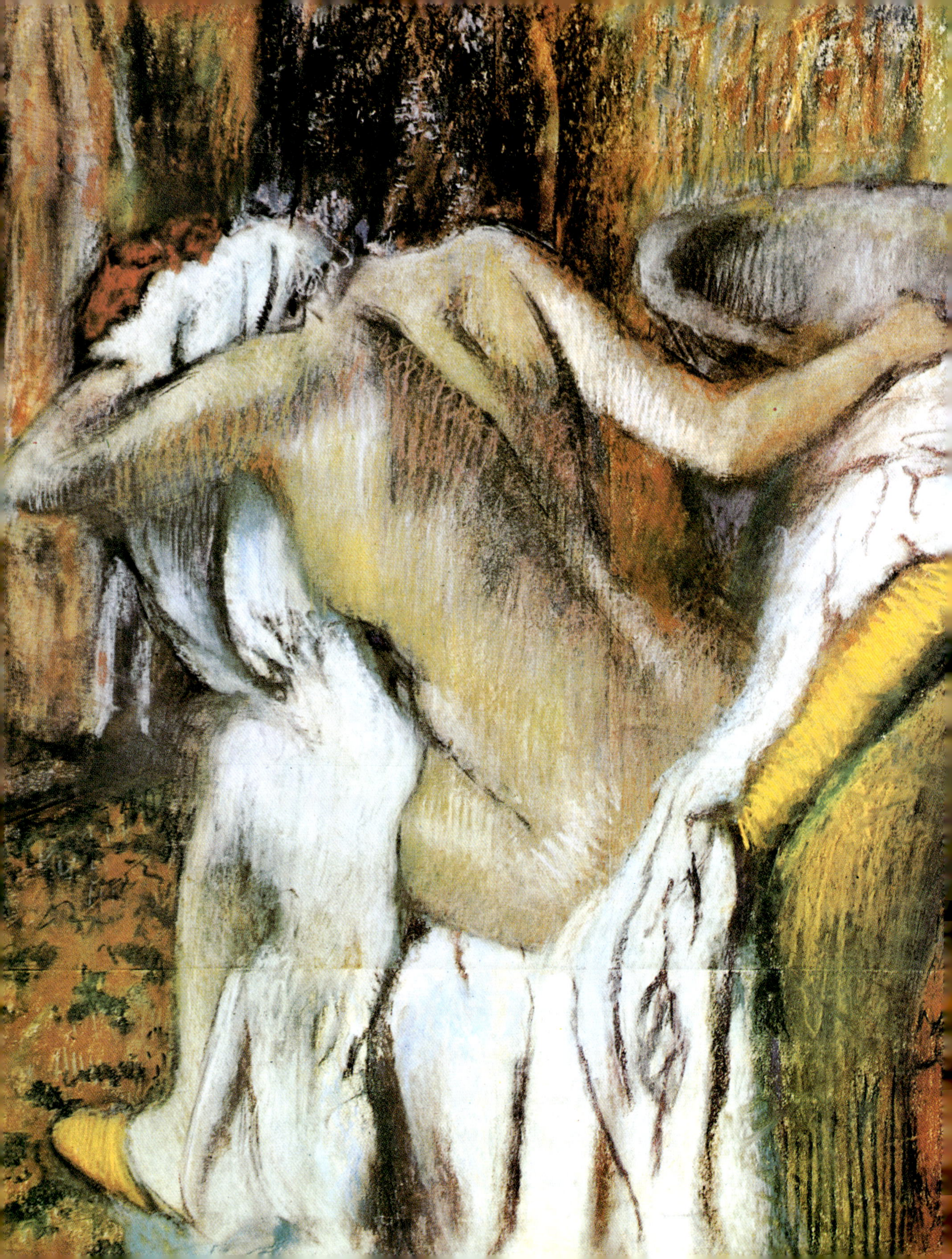

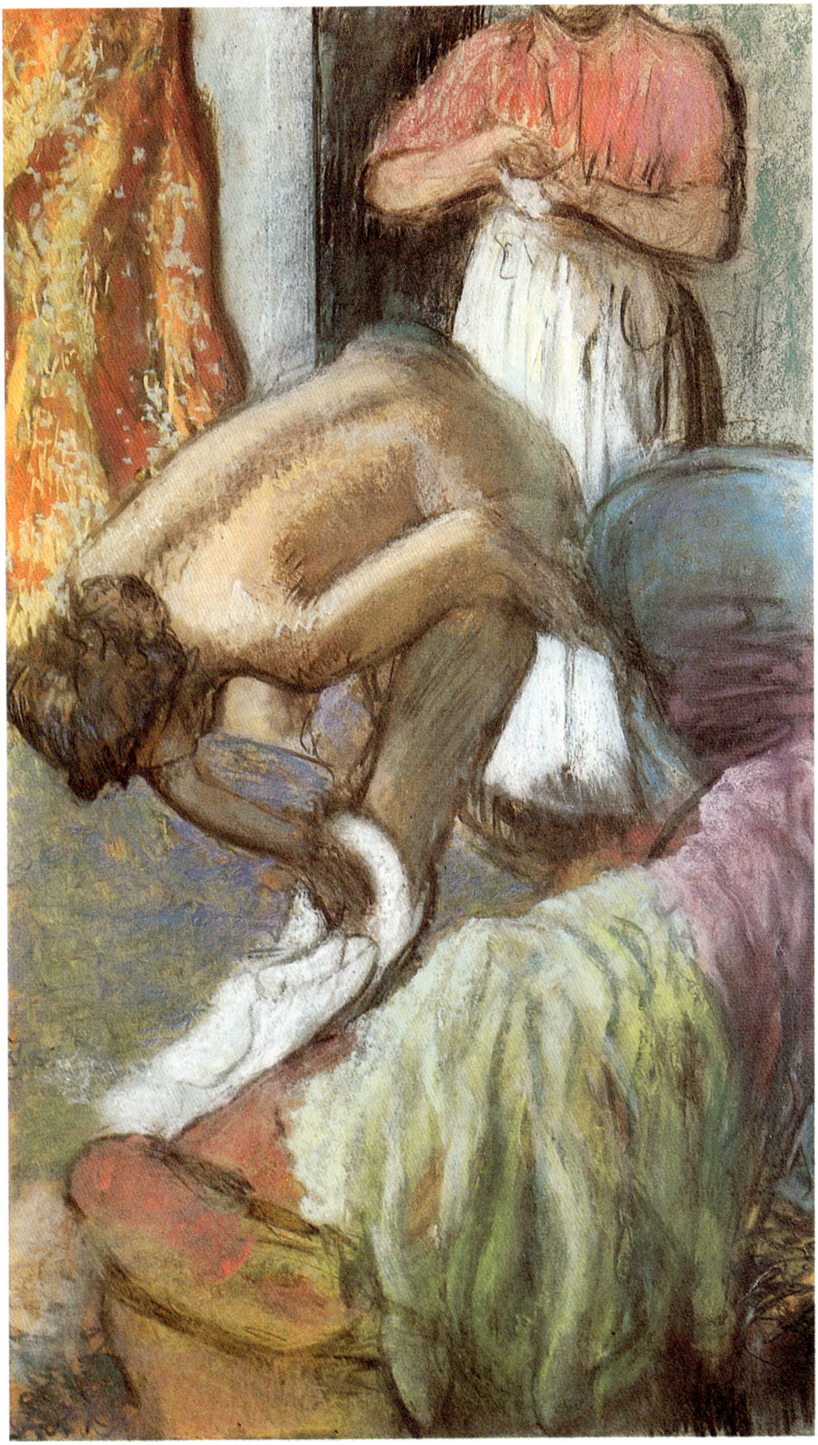

Le Petit Déjeuner après le bain, 1894.

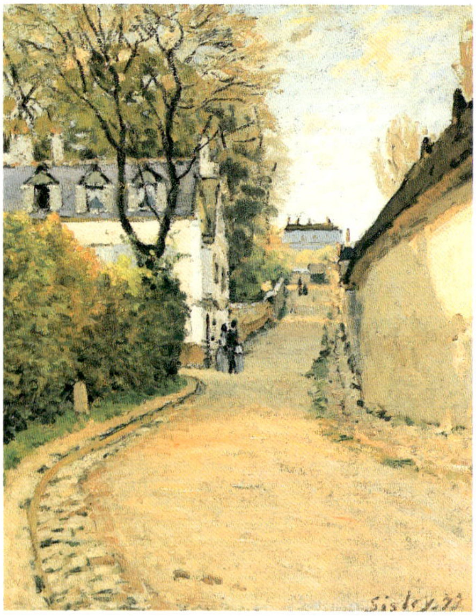

SISLEY

Rue de la Princesse à Louveciennes, 1873.

« Si Claude Monet n'eût pas été son contemporain et son ami, il fût resté le plus parfait paysagiste de la fin du siècle dernier. Sisley le savait et il eut la faiblesse de se montrer parfois un peu amer », écrivit de lui Eugène Murer, ami, pâtissier, écrivain, peintre et membre du cénacle impressionniste.

Sisley, de nationalité britannique, et d'une famille originaire du Kent, étroitement lié avec le nord de la France, connut d'abord l'aisance, avant la ruine de son père durant la guerre franco-prussienne, puis la difficulté de dépendre de son seul art pour lui-même et pour sa famille. Il partagea avec Pissarro la désagréable situation d'être parmi les premiers reconnus et mourut sans même savoir que tout son labeur avait déjà porté ses fruits.

Paysagiste, il le fut, absolument, avec une touche, une approche plus légère que celle de Pissarro, une discrétion et une obstination qui tenaient sans doute à sa nature même, sans non plus être « habité », comme Monet, au point de faire jaillir du paysage une véritable révolution de la peinture.

Passionné de littérature, et en ce sens ouvert à un monde qui n'était pas seulement celui des peintres, de leurs discussions esthétiques et de leurs stratégies d'exposition, il se tint de lui-même délibérément à l'écart des réunions enfumées et bruyantes des cafés, qui ne convenaient pas à son tempérament, bien qu'il charmât tout le monde au dessert « par ses saillies spirituelles et son rire en fusée ».

Sisley fit partie du premier noyau impressionniste, ayant rencontré Renoir, Bazille et Monet à l'atelier de Gleyre où il s'était inscrit en 1862. Il avait connu l'auberge du Cheval-Blanc à Chailly-en-Bière, l'auberge de Marlotte, à la grande époque, celle des commencements. Son œuvre suit les sites de ses diverses installations, souvent assez précaires, dans la région parisienne, et de ses fréquentations : le Point-du-Jour, Moret-sur-Loing, Argenteuil, Louveciennes, Port-Marly...

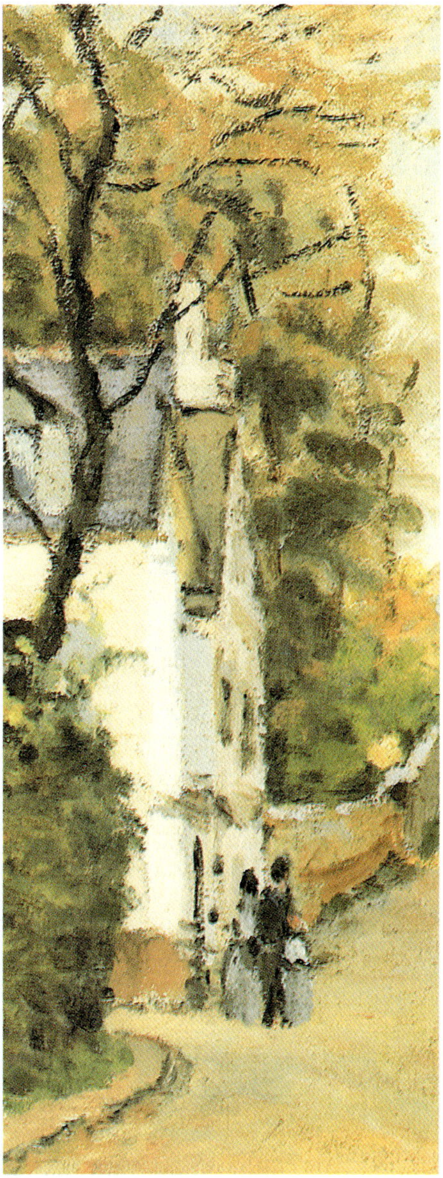

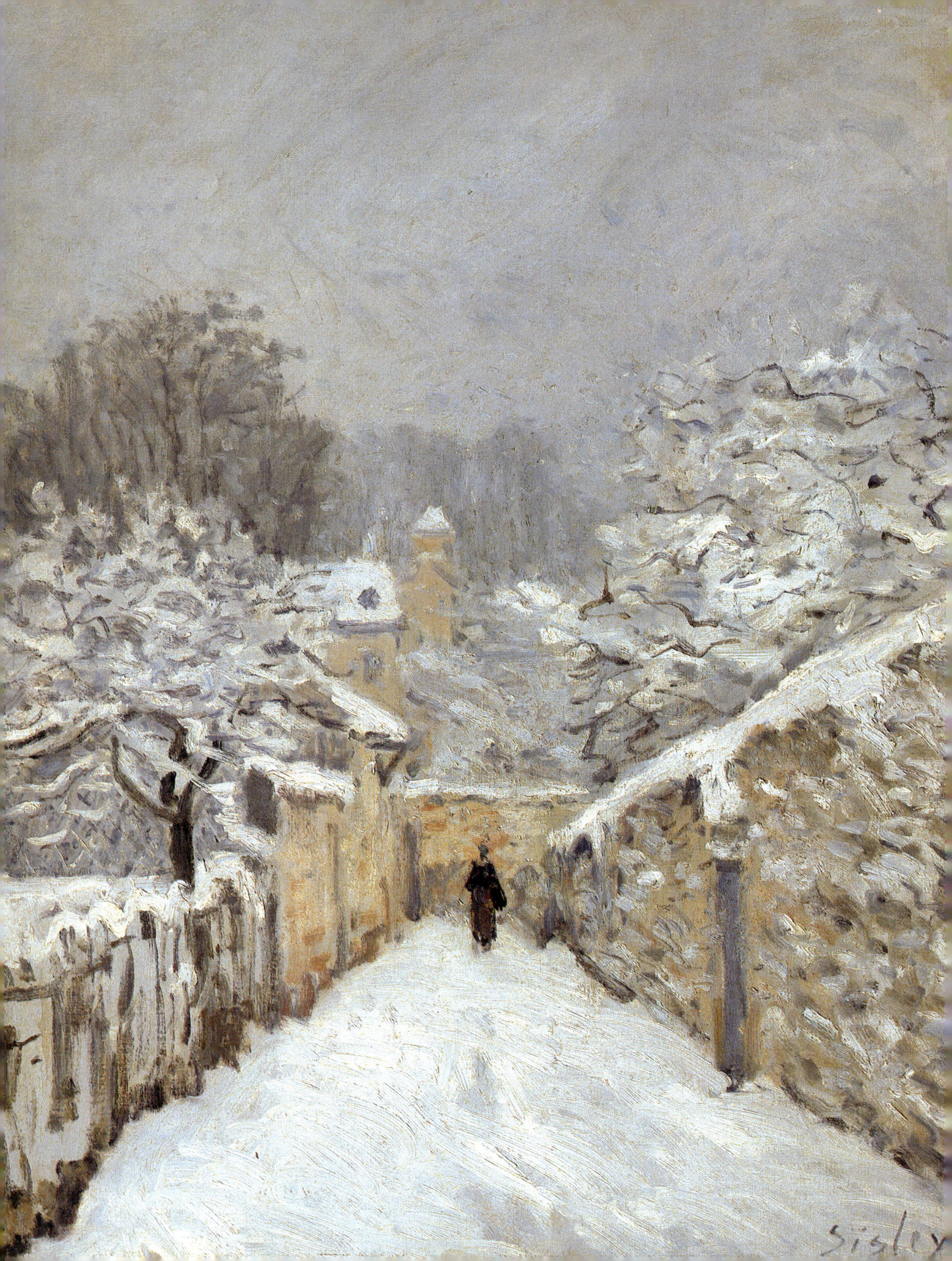
Sisley

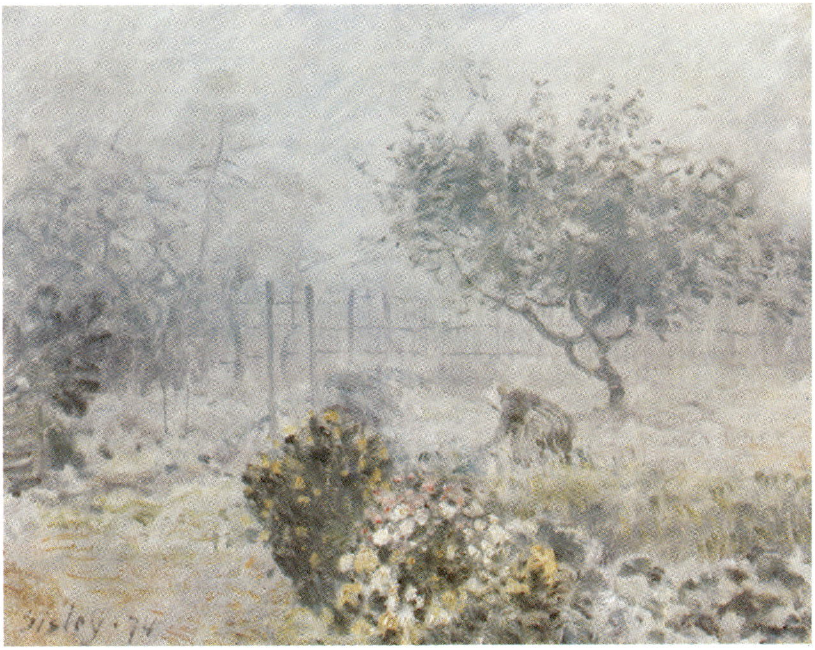

Le Brouillard, 1874.

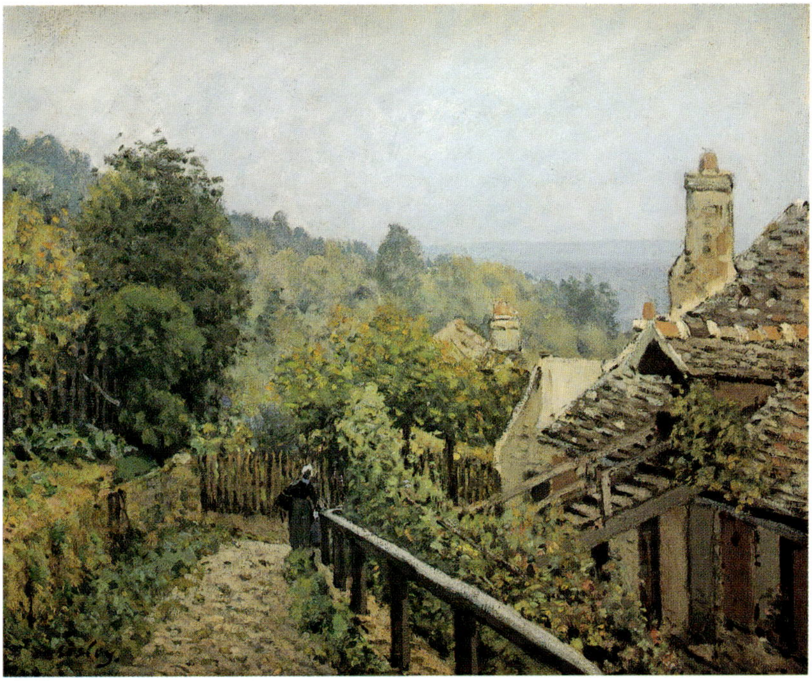

Louveciennes, hauteurs de Marly, 1873.

La Neige à Louveciennes, 1878.

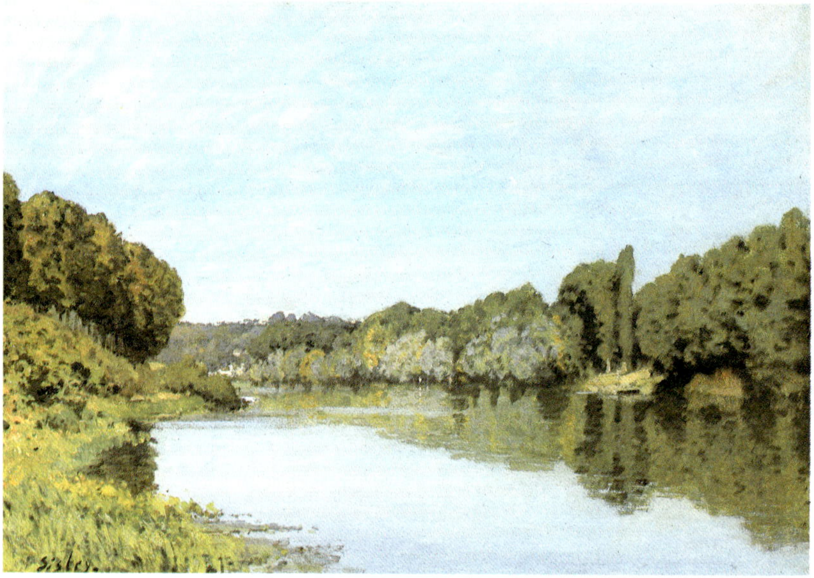

La Seine à Bougival, 1872-1873.

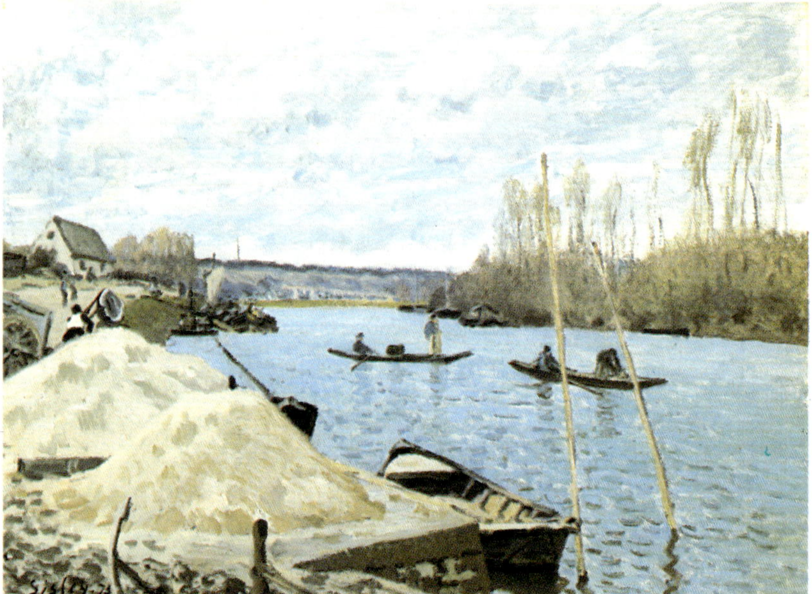

La Seine à Port-Marly, tas de sable, 1875.

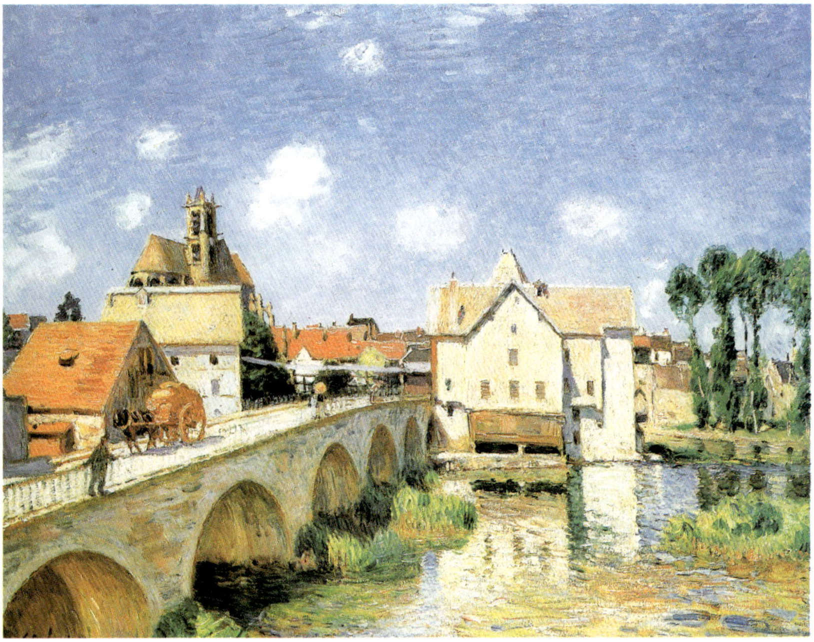

Le Pont de Moret, 1893.

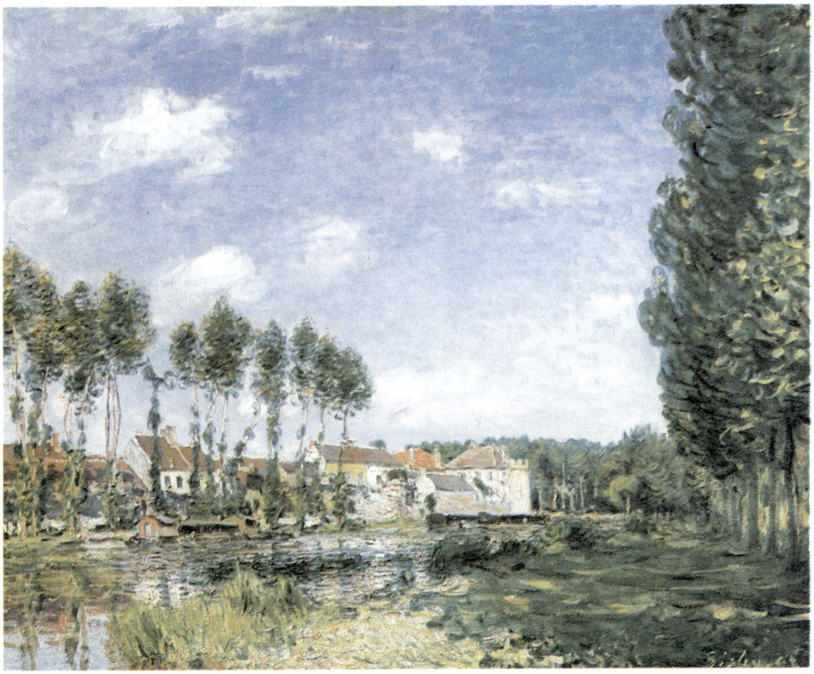

Moret, bords du Loing, 1892.

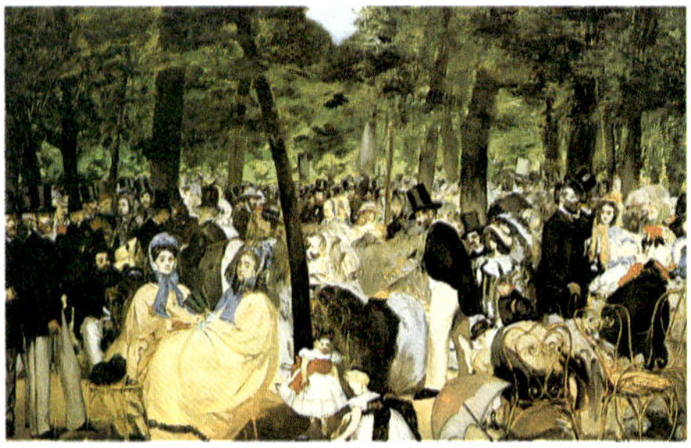

MANET

« Parmi le déboire, une ingénuité virile de chèvre-pied au pardessus mastic, barbe et blond cheveu rare, grisonnant avec esprit. Bref, railleur à Tortoni, élégant ; en l'atelier, la furie qui le ruait sur la toile vide, confusément, comme si jamais il n'avait peint » (Stéphane Mallarmé).

Depuis Baudelaire, qui fut son ami, il n'est guère de poète ou de penseur qui n'ait consacré une longue étude à l'œuvre de Manet. Pour certains il est le véritable créateur de l'art moderne, le parrain conscient de l'impressionnisme, pour d'autres la dernière figure d'un grand art classique, dont il reprenait les thèmes, et qui ne choqua jamais tant que parce que l'époque répugnait à sa liberté intellectuelle d'artiste.

Intellectuel, il ne l'était pourtant pas, et peintre il se voulut absolument. Son appartenance bourgeoise, son républicanisme bon teint, son respect des conventions jusqu'à l'absurde — jusqu'à accepter de faire passer pour un frère plus jeune de sa future femme l'enfant qu'il avait eu d'elle hors mariage — sa vie rangée, non sans passions toutefois, comme celle qui dût le lier à Victorine Meurent, le modèle de l'*Olympia*, et celle, plus contenue mais plus vive encore, qui l'attacha à Berthe Morisot, qui devint sa belle-sœur : rien de tout cela ne le prédisposait à tenir le rôle de conscience intellectuelle de la nouvelle école impressionniste qu'il eut en effet.

« Celui-là serait le peintre, le vrai peintre, qui saurait nous faire voir et comprendre combien nous sommes grands et poétiques dans nos cravates et nos bottes vernies » (Charles Baudelaire).

La Musique aux Tuileries, 1862.

Dès *La Musique aux Tuileries*, avec une pratique des

noirs qui émerveillait ses amis, il n'eut de cesse d'aiguiser cette vision du monde contemporain, au-delà de tout sentimentalisme et de toute idéologie, que réclamait le poète.

La carrière de Manet est jalonnée de scandales qu'il ne recherche pas, attaché qu'il est au contraire à une reconnaissance officielle, qui lui paraît aller de soi et qui ne viendra pour lui que très tardivement. Mais par lui le scandale arrive, simplement, innocemment presque, parce que dans toute exposition, comme l'écrit Duranty en 1874, « à travers les enfilades de salles c'est le tableau de Manet qui se détache de tout le reste... »

Premier scandale en 1863, avec *Le Bain*, devenu *Le Déjeuner sur l'herbe*, scandale plus violent encore en 1865 avec l'*Olympia*, ce nu « hideux », « cadavéreux », aux yeux de la plupart des critiques du temps, et dont il tire le sujet du Titien et des grands Espagnols. Ceux qui savent interpréter la peinture au-delà des conventions du joli y voient la formidable autonomie, l'indépendance d'un peintre.

Homme du monde mais aussi de cafés, il redoubla d'activité dans les dernières années de sa vie, quand il ressentait déjà les atteintes de l'ataxie motrice qui, à la suite d'une opération malheureuse, devait l'emporter. Georges Bataille résume ainsi la distance que Manet entretenait dans les faits avec les impressionnistes, dont beaucoup pourtant étaient ses amis : « Manet inscrivit un monde de recherches tendues dans la singularité des sujets. Manet est à l'origine de l'impressionnisme ? C'est possible. Mais il se tint dans une profondeur étrangère à l'impressionnisme. Personne ne chargea davantage le sujet : sinon de sens, de ce qui, n'était que l'au-delà du sens, est plus que lui. »

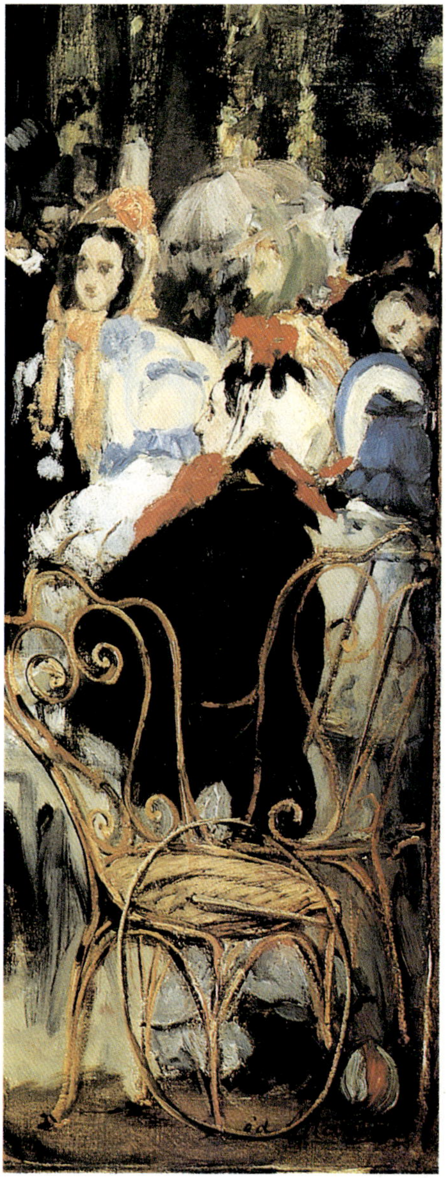

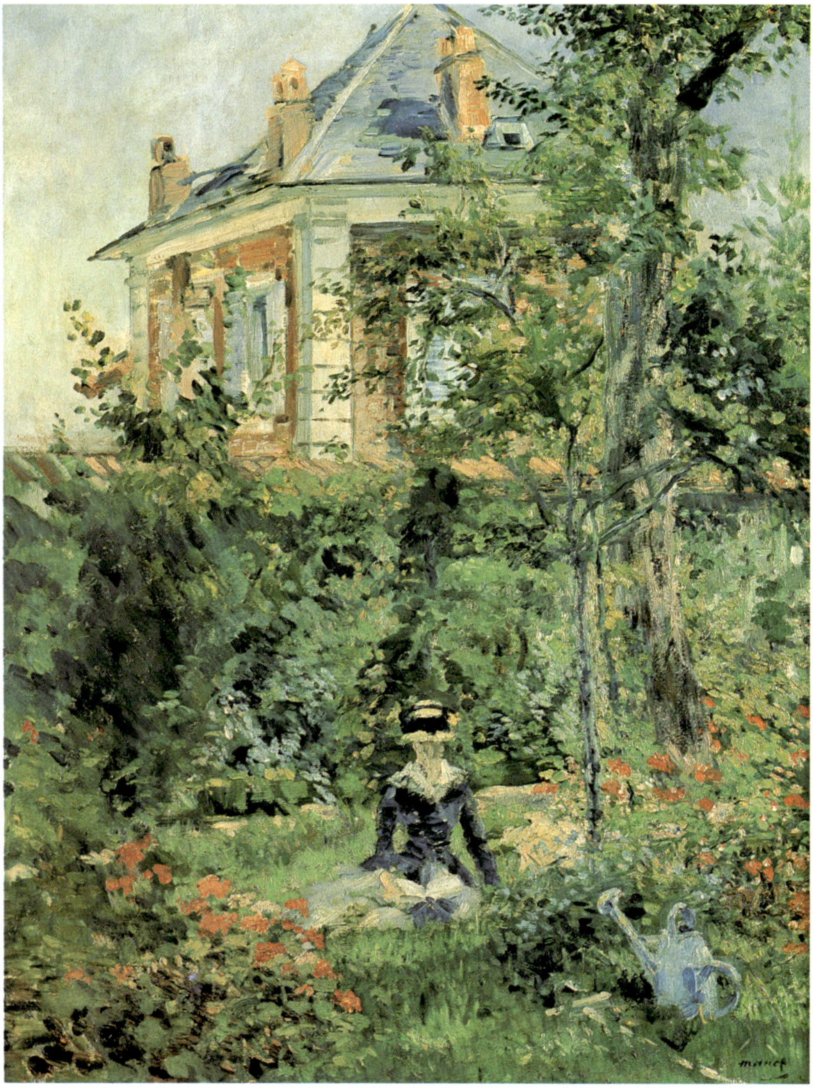

Jeune fille au seuil du jardin de Bellevue, 1880.

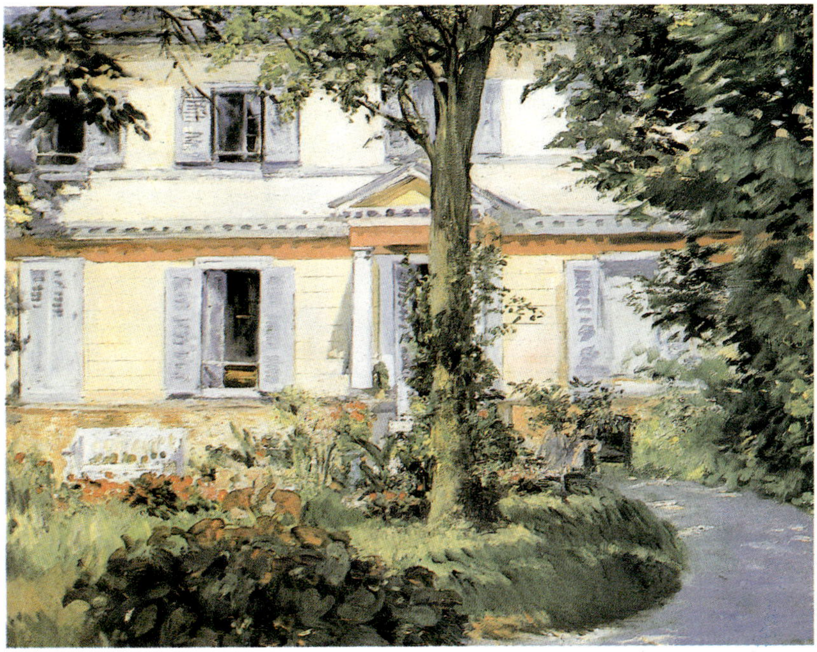

La Maison de Rueil, 1882.

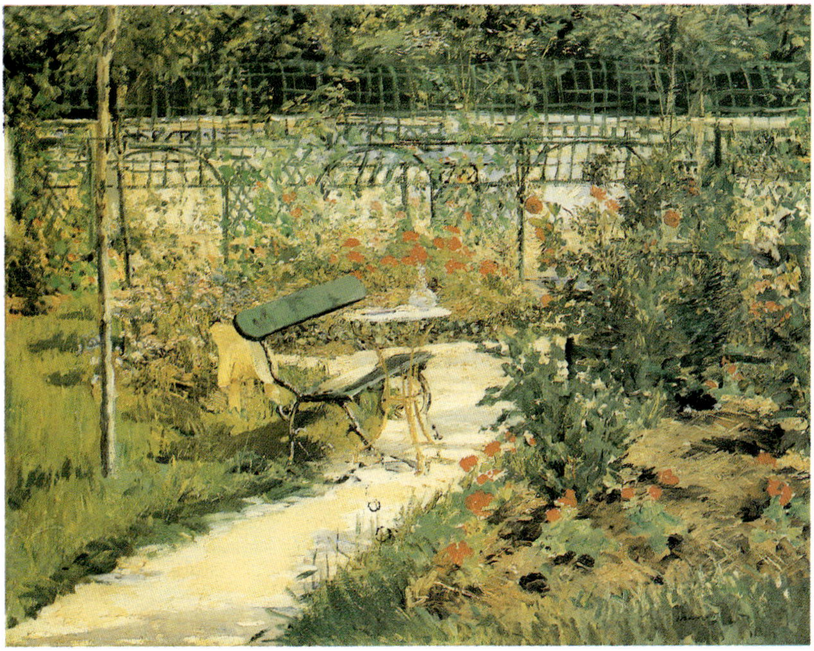

Le Banc, 1881.

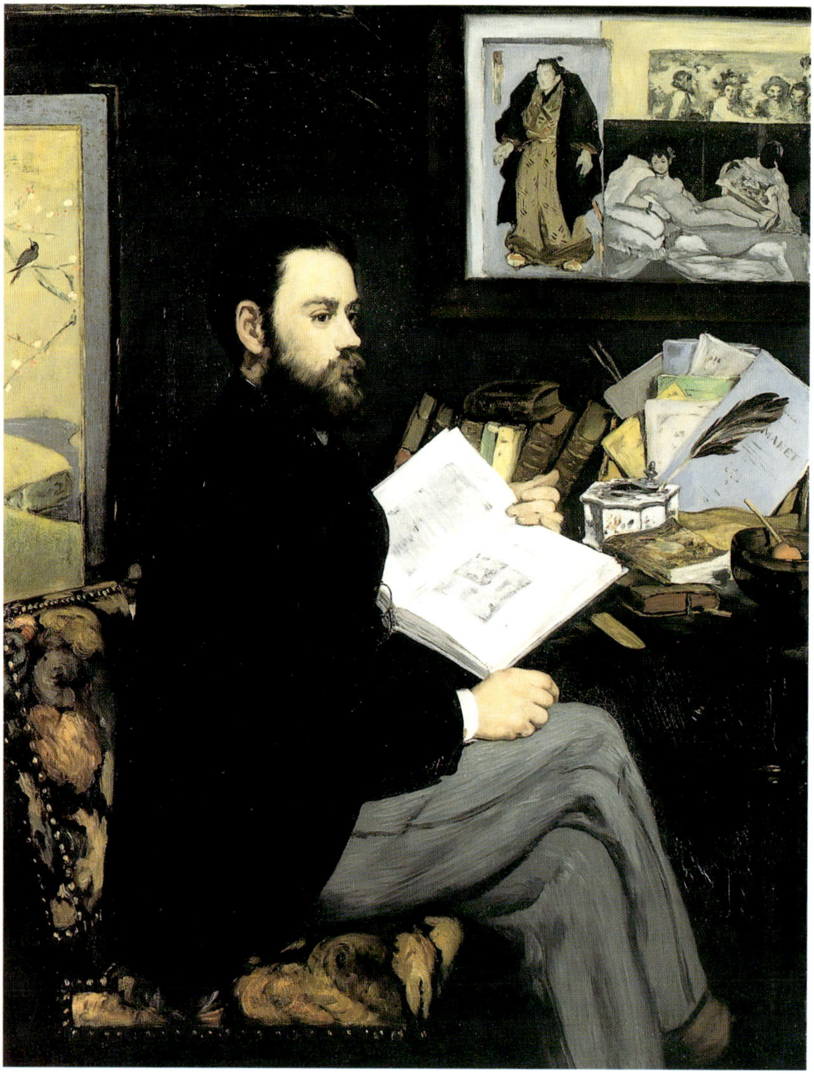

Portrait d'Emile Zola, 1868.

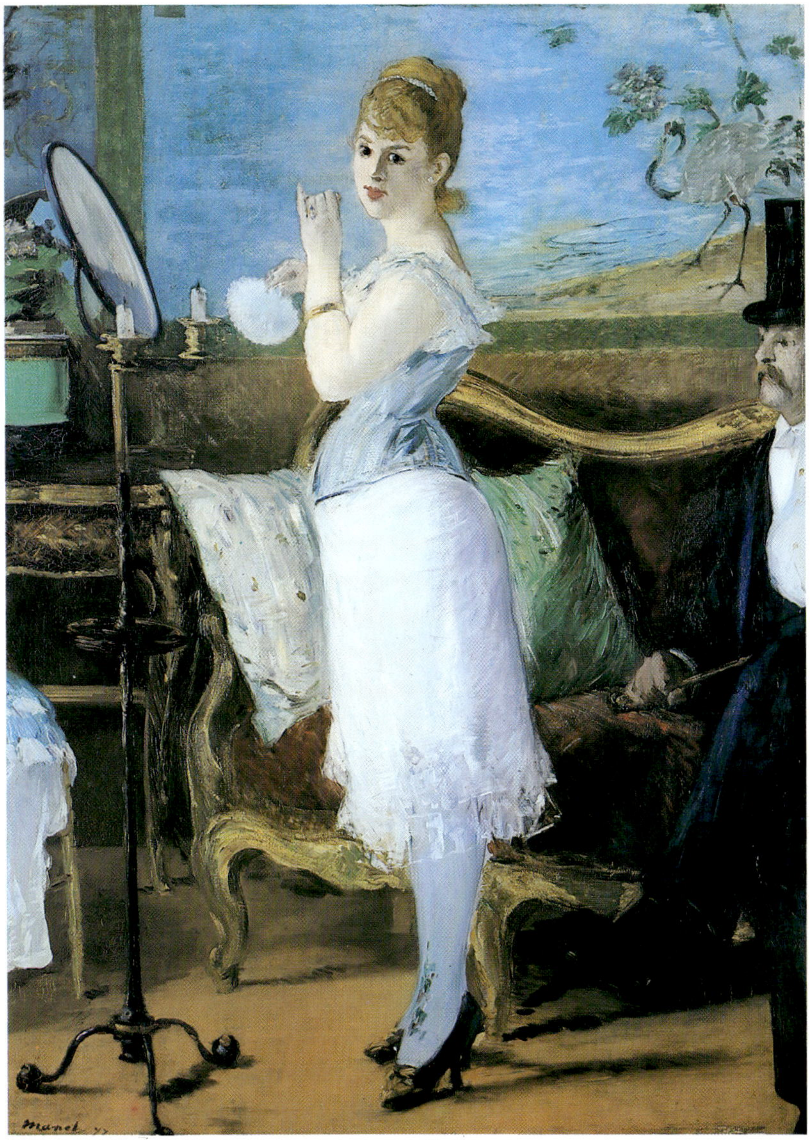

Nana, 1877.

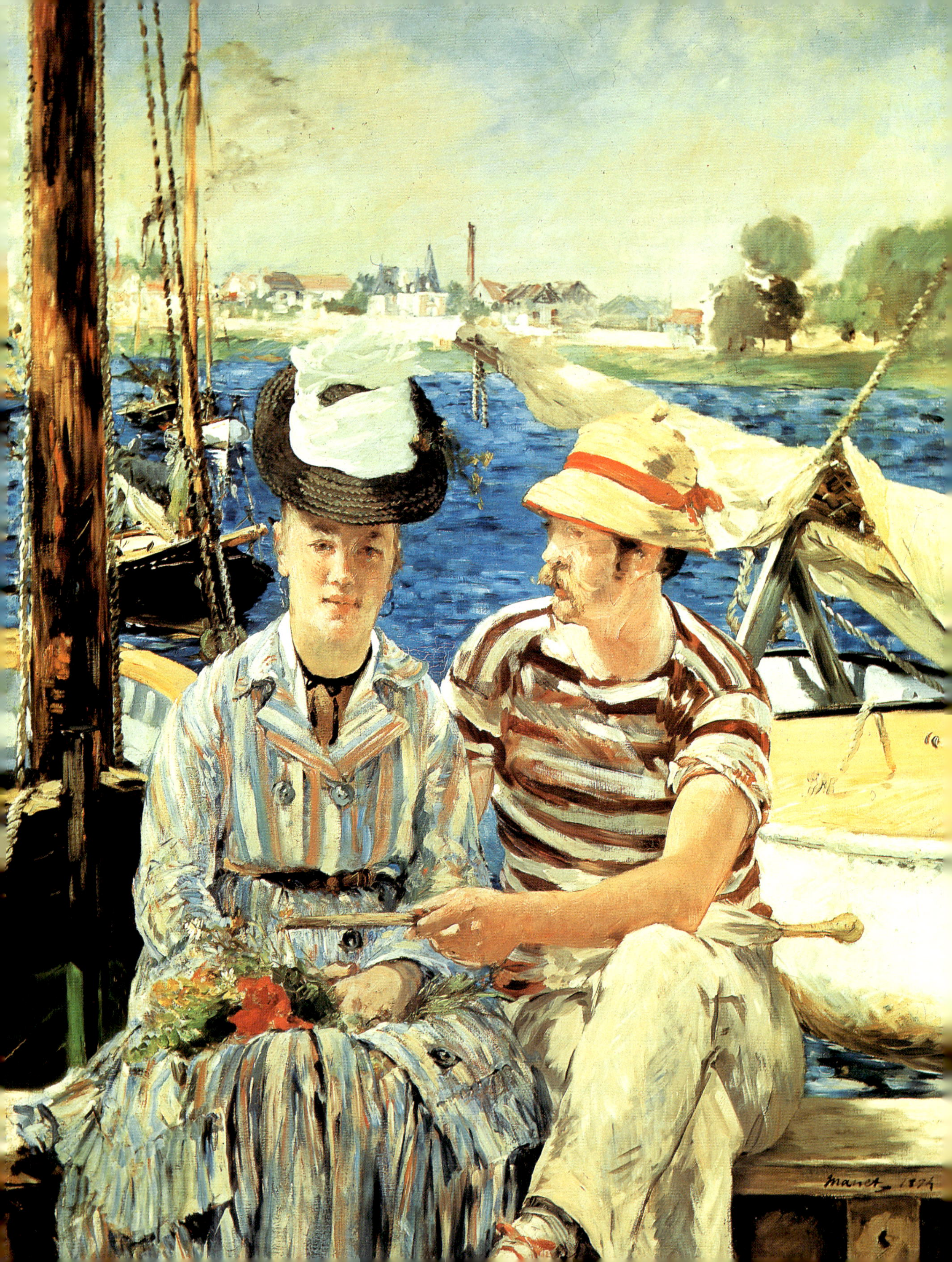
manet 1874

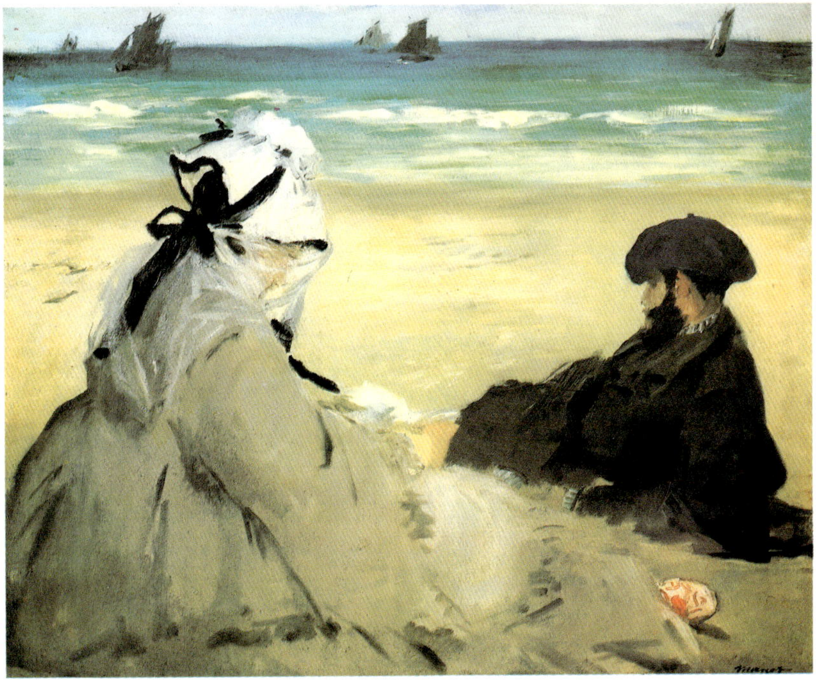

Sur la plage, 1863.

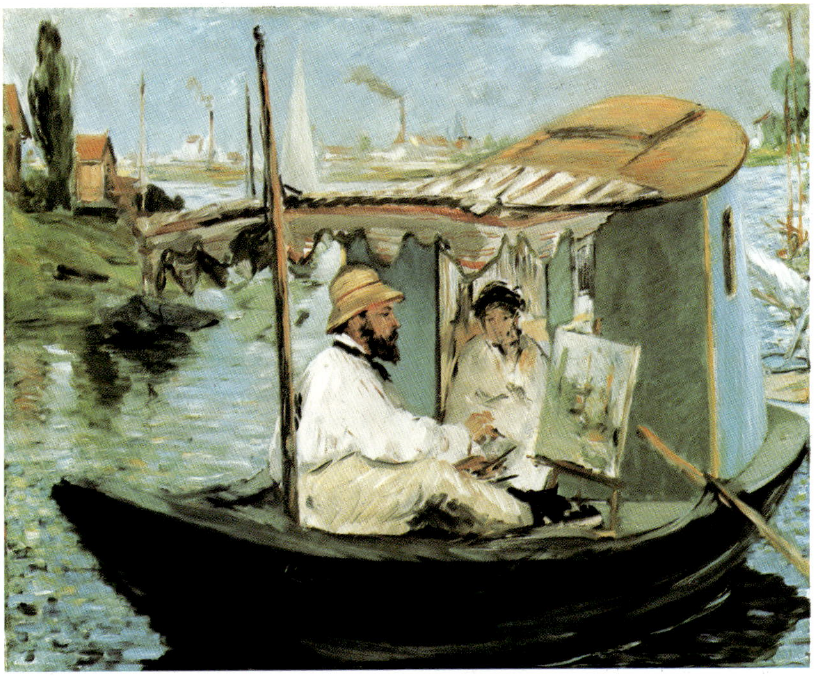

Claude Monet dans son atelier, 1874.

Argenteuil, 1874.

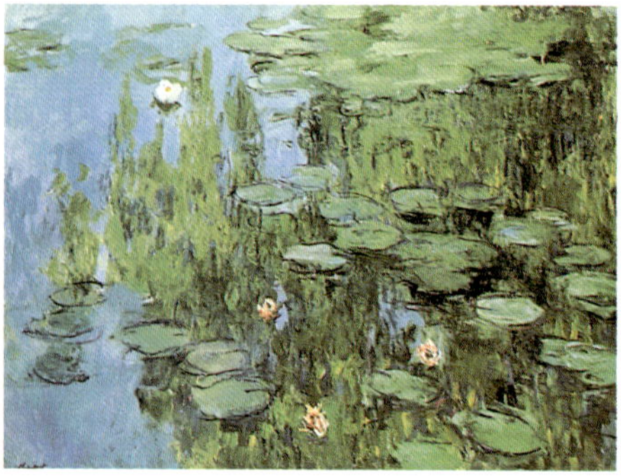

MONET

Nymphéas, 1917.

Initiateur et patriarche de l'impressionnisme, Monet paraît concentrer, en sa personne et en son art, toute la richesse novatrice du mouvement, qui tire son nom, désormais traditionnel, de son *Impression, soleil levant* de 1872. Les œuvres de sa vieillesse, avec les *Nymphéas* de Giverny, iront encore au-delà des recherches qu'il a contribué d'ouvrir dans sa maturité. Elles font de lui l'inventeur, le révélateur d'une vision fluide, lumineuse, éclatante, lyrique, et le premier grand désagrégateur des formes.

Monet, c'est aussi le jeune lutteur doué et un peu fruste, auquel un solide réalisme dans la conduite de la vie et beaucoup de fabulation intelligente viennent prêter les armes dont la société ne l'a pas pourvu.

Dans les rangs des artistes, il est l'un des tout premiers à s'être fait lui-même, sans famille pour le soutenir vraiment et sans véritable école pour orienter dura blement sa formation. Pour nous, il est mêlé à toutes ces luttes majeures du surgissement de l'art moderne, il est cette force d'un homme convaincu, qui ne retient pas l'intérêt parce que ses difficultés — il en connut de bien réelles — nous touchent, mais par l'extrême cohérence de sa démarche.

Il y a un long parcours du jeune caricaturiste du Havre qu'Eugène Boudin convainc de se rendre travailler avec lui en plein air, sur le motif, sur les bords de la mer et dans la campagne normande — ce qui fera de Monet, séduit, travailleur, obstiné, le premier paysagiste français — à l'homme déjà célèbre et sûr de lui des années quatre-vingt-dix, qui se lance dans ses séries thématiques de *Meules* et de *Cathédrales*, et plus encore au patriarche, ami admiré de Clemenceau, retiré dans son domaine de

Giverny, qu'il a fait spécialement aménager pour y cristalliser son œuvre, devenue grand œuvre.

La vie de Monet est trop longue, trop touffue, pour qu'on la résume en quelques lignes. Il vaut mieux suivre le peintre à travers ses lieux, ses amis, sa famille, car s'il fût absolument paysagiste, il n'a pas répugné non plus, du moins dans sa première manière, à faire entrer ses proches dans son œuvre, comme en un journal peint. Proche de Renoir, au moins par la diversité de ses intérêts dans sa première période, il investit certainement dans son attitude d'artiste l'ambition farouche d'être reconnu comme le maître incontesté de la nouvelle peinture, et il y réussit.

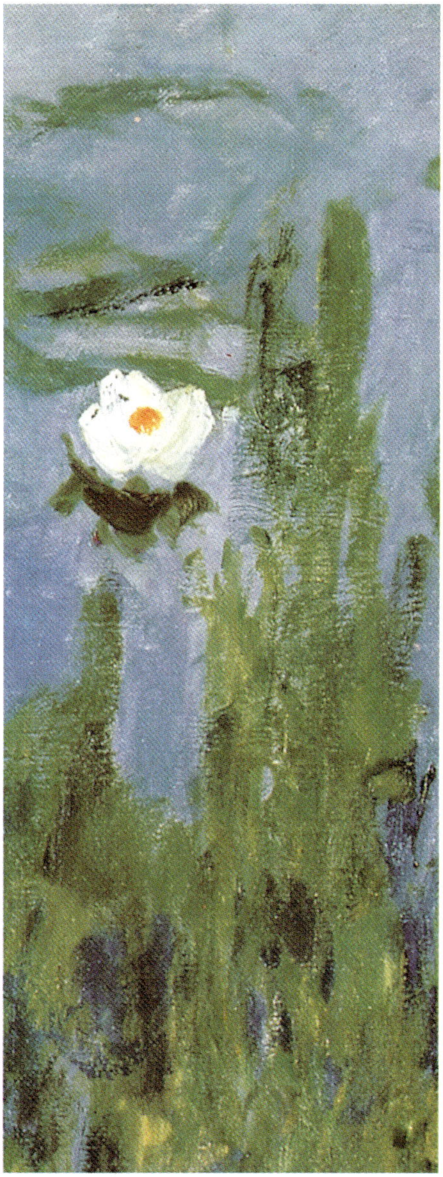

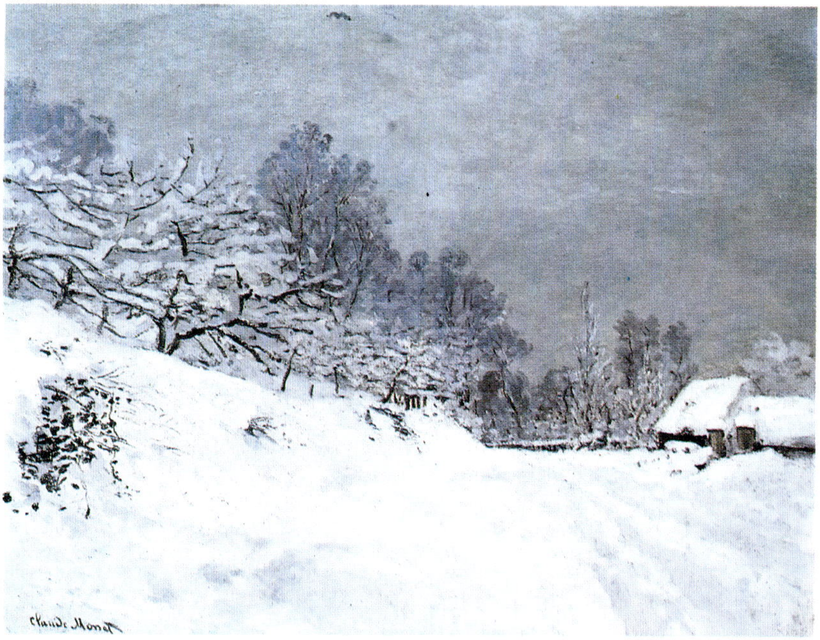

Environs de Honfleur, 1867.

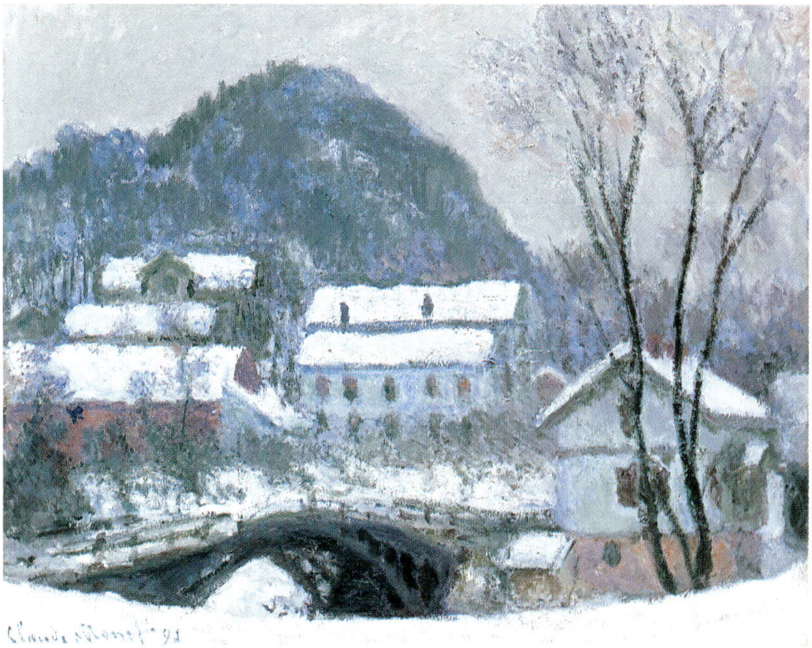

Sandviken, Norvège, effet de neige, 1895.

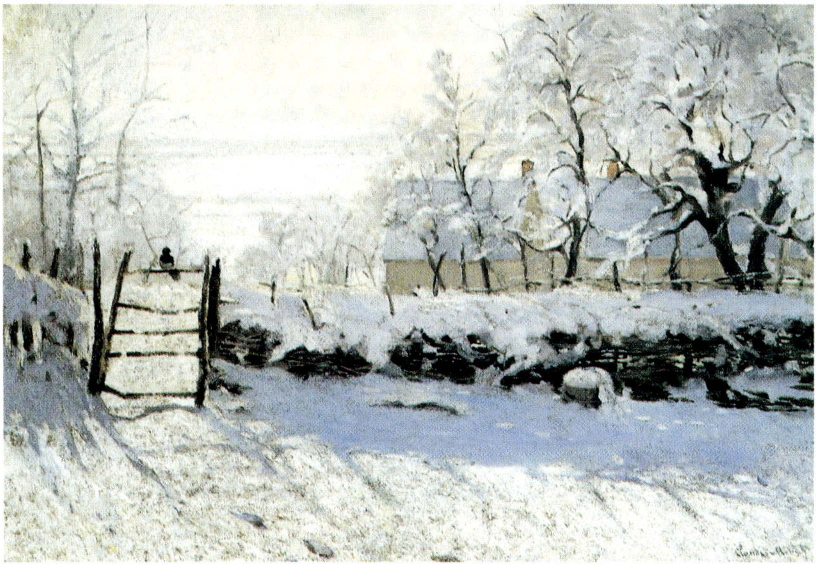

La Pie, 1869.

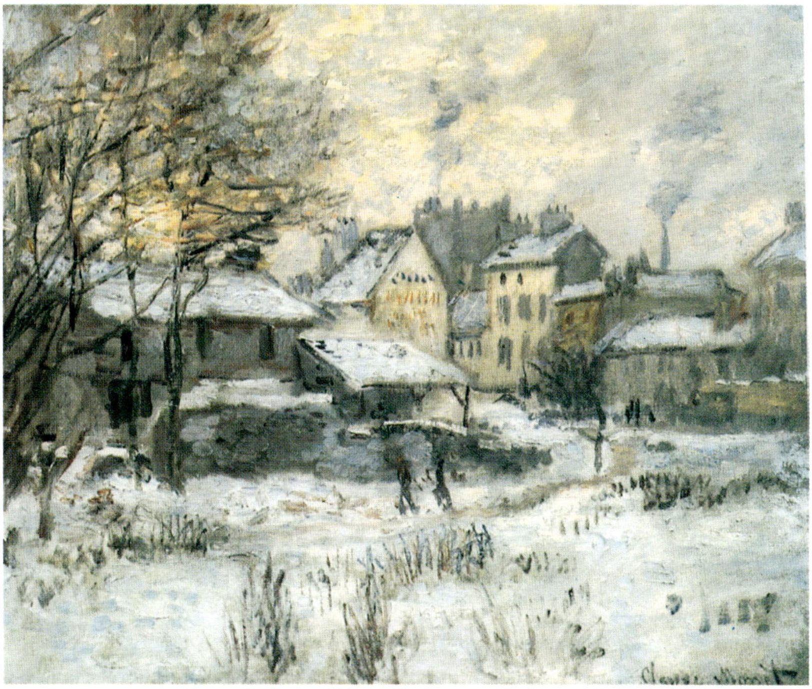

Effet de neige au soleil couchant, 1875.

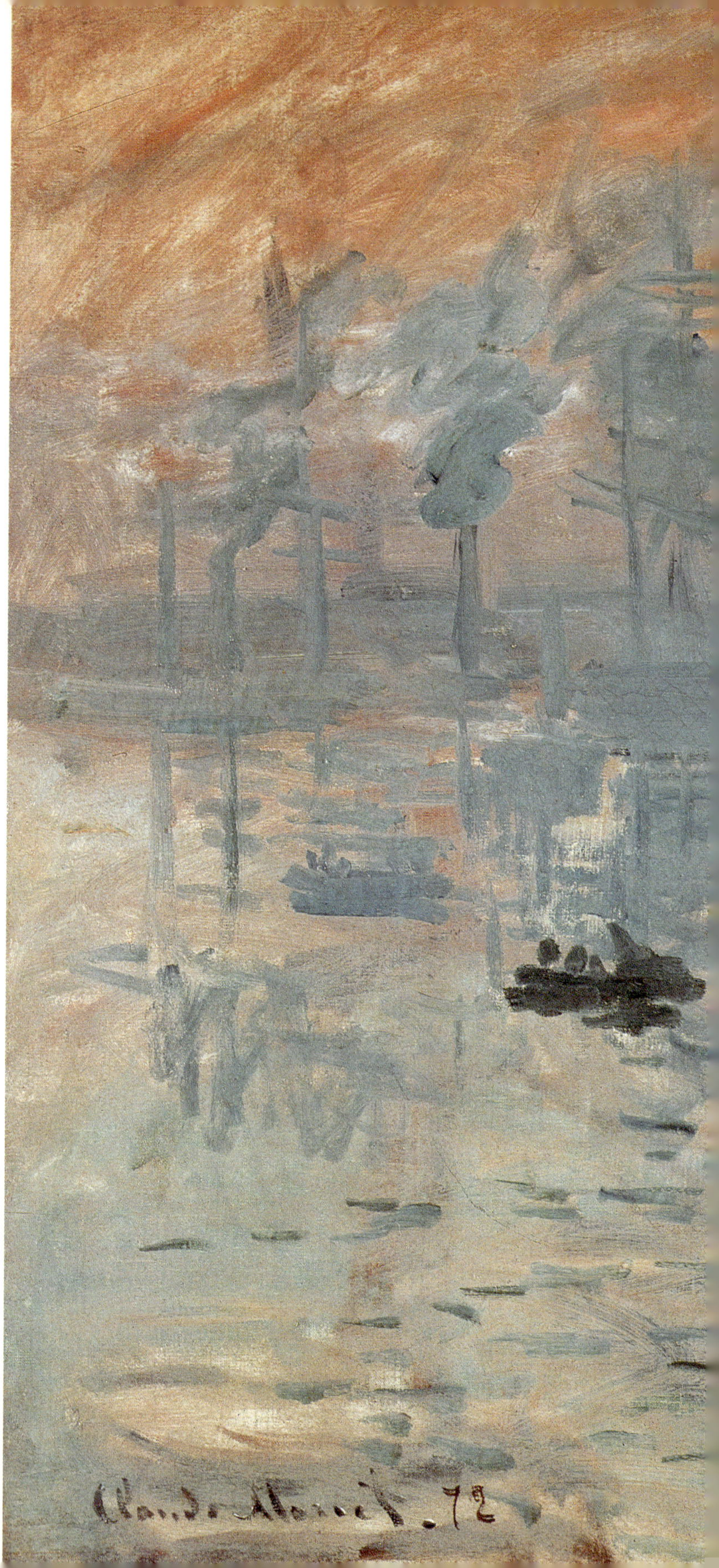

Impression, soleil levant, 1873.

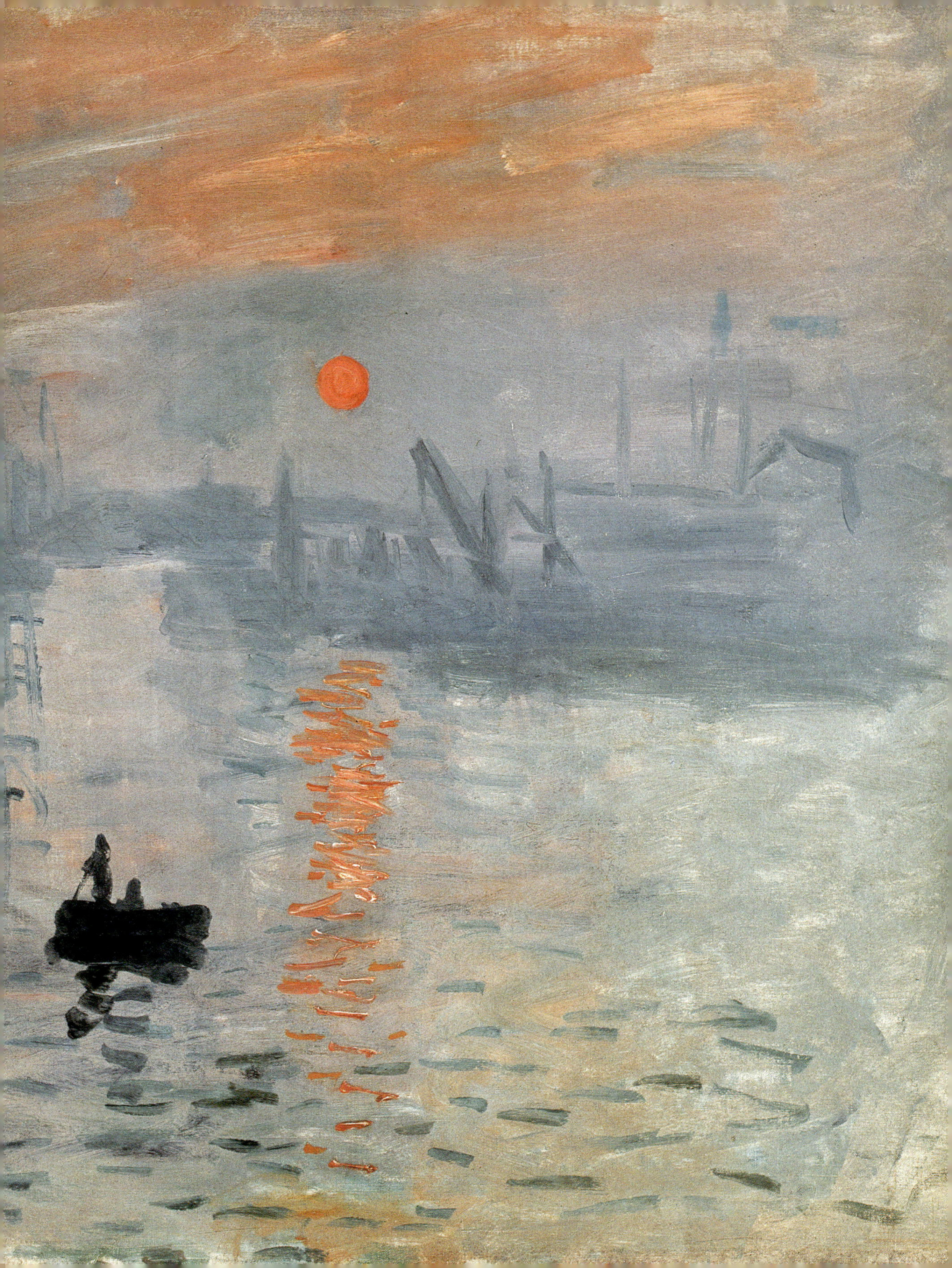

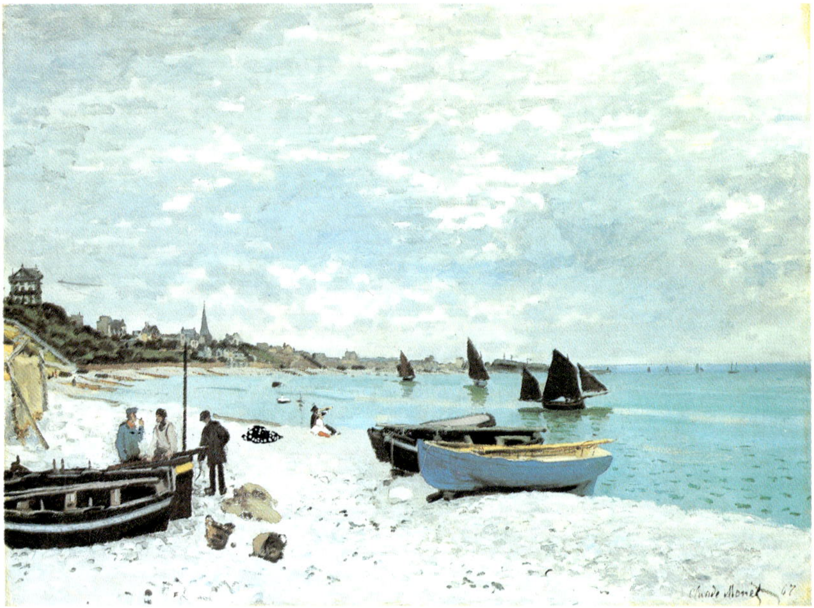

La Plage à Sainte-Adresse, 1867.

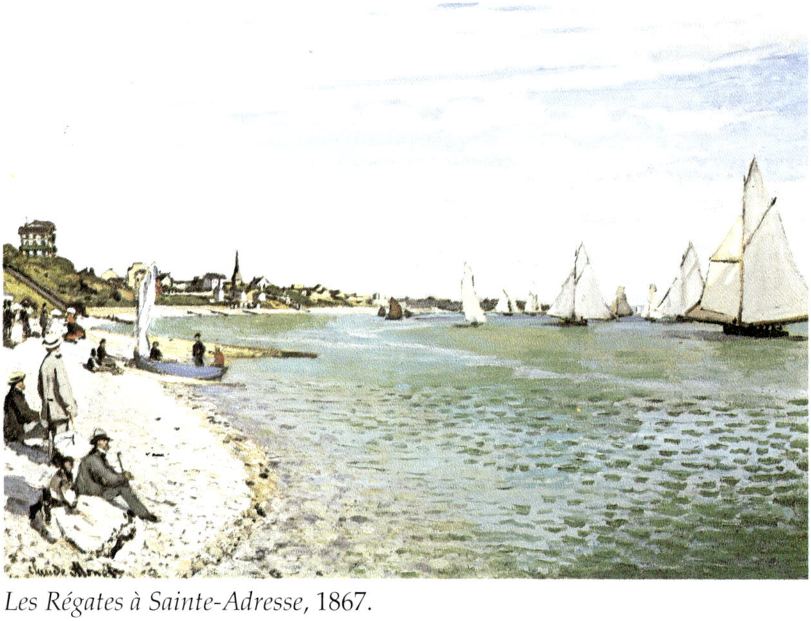

Les Régates à Sainte-Adresse, 1867.

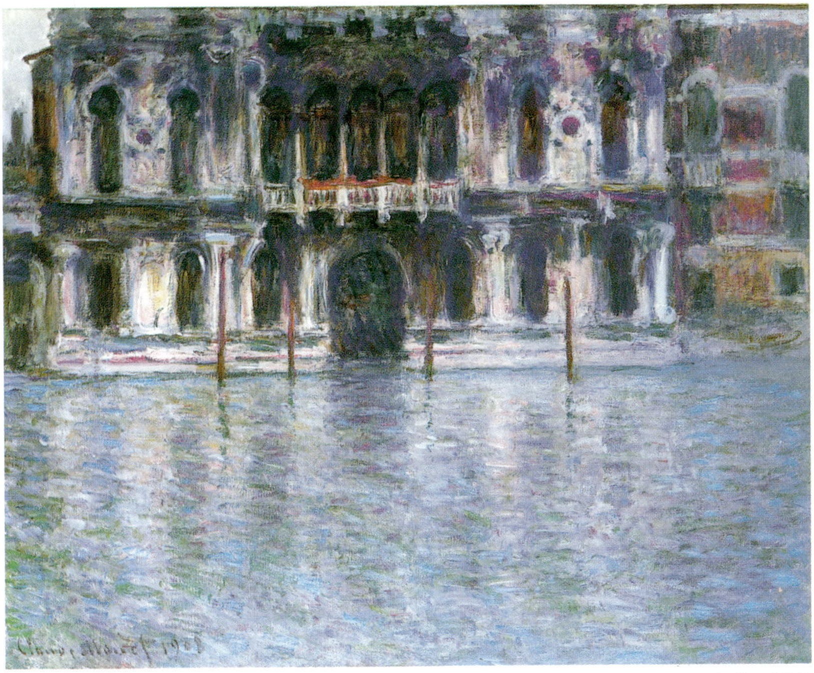

Le Palais Contarini, 1908.

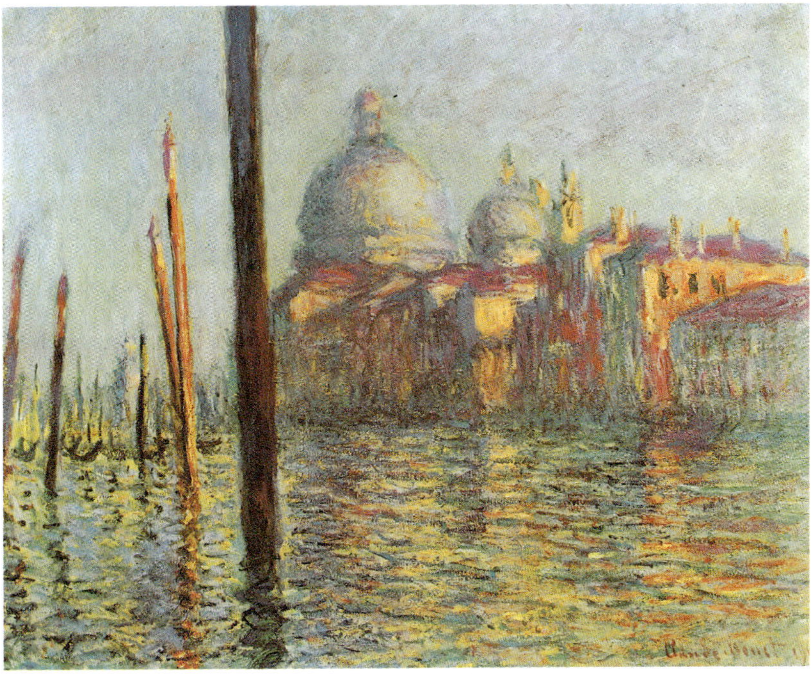

Venise, le Grand Canal, 1908.

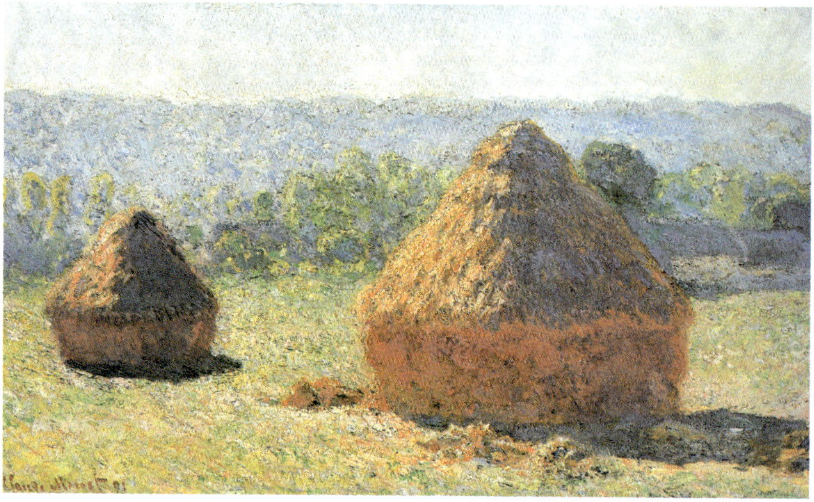
Les Meules, fin de l'été, 1891.

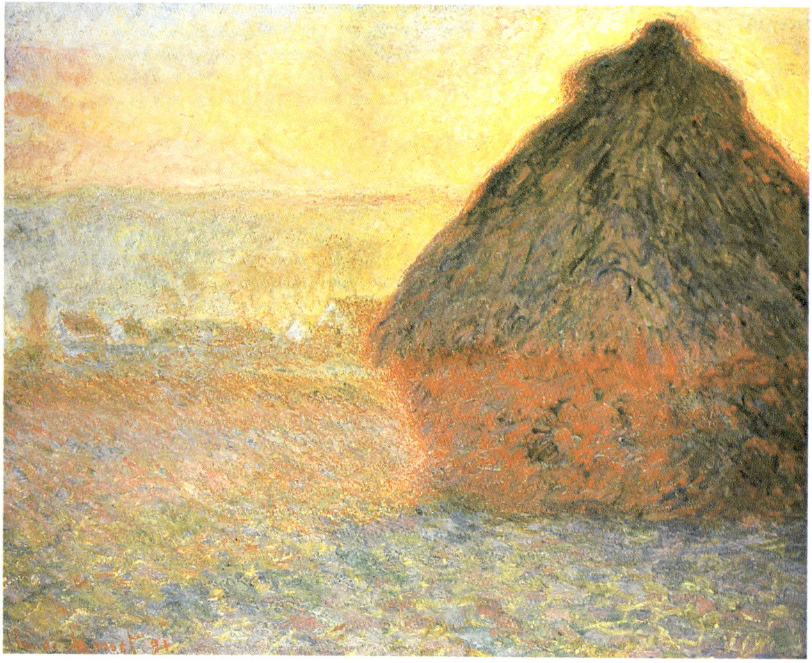
Meule, soleil couchant, 1891.

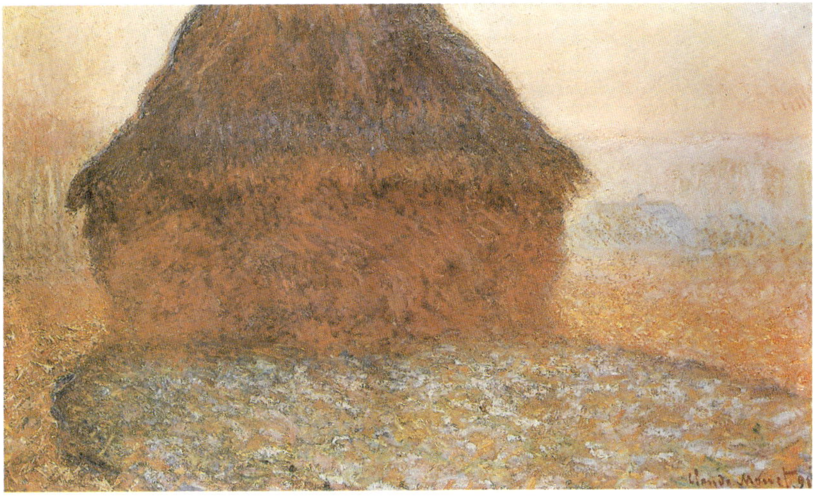

Meule au soleil, 1891.

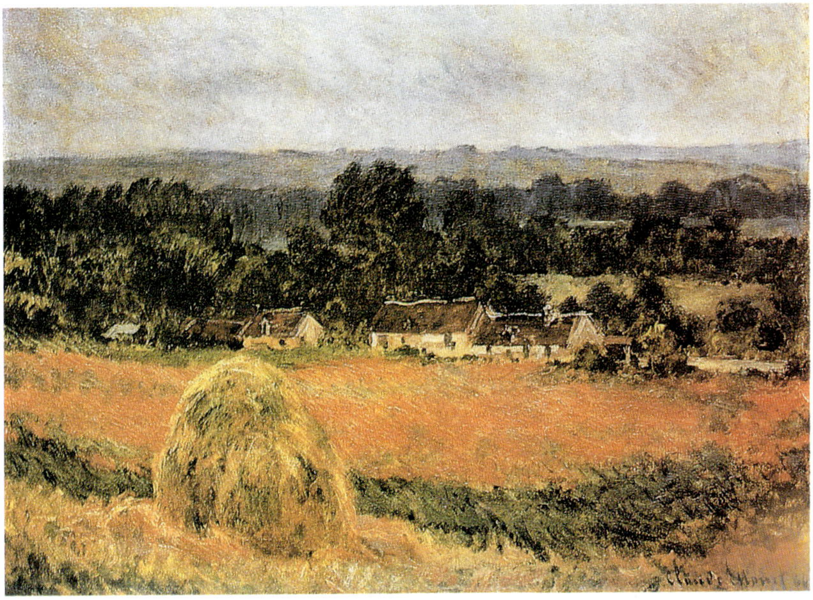

Une Meule près de Giverny, 1886.

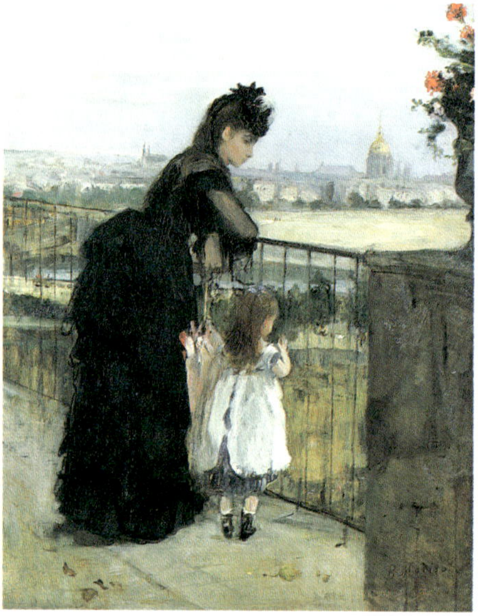

MORISOT

Femme et enfant au balcon, 1872.

Fille de haut fonctionnaire, élève, avec sa sœur Edma, de Corot, qu'elle suit et copie assidûment à Ville-d'Avray entre 1860 et 1862, Berthe Morisot, qui sera l'élément féminin le plus convaincant de l'impressionnisme, fut une de ces jeunes et spirituellement fortes femmes qu'une position sociale élevée pousse naturellement au travail pour développer un don précieux et rare. Dans *Le Balcon*, *Le Repos*, *Berthe Morisot au chapeau de plumes*, et d'autres toiles encore dans les années 1868-70, Édouard Manet, dont elle est alors très proche et dont elle semble bien être l'égérie morale, a immortalisé la beauté grave de ses traits. Devenue femme d'Eugène Manet, le frère d'Édouard, elle-même fut peintre accompli, inspiratrice et femme distinguée, recevant ses amis artistes, Degas, Monet, Renoir, mais aussi les poètes, Stéphane Mallarmé et Henri de Régnier.

La carrière officielle de Berthe commence en 1864, avec son *Souvenir des bords de l'Oise* et son *Vieux Chemin à Auvers* acceptés au Salon, où elle sera toujours reçue jusqu'à ce qu'elle le quitte volontairement pour participer aux expositions du groupe impressionniste à partir de 1874. Car, dans ces années-là, ce sont davantage des fréquentations communes qu'une volonté précise qui la rapproche du futur cercle des impressionnistes. Berthe Morisot ne suscitera qu'à l'occasion les mépris éhontés, les éructations bêtes d'hostilité qui furent très souvent le lot de ceux qu'elle a choisis comme compagnons d'art ou comme exemples. Elle ne fréquente pas non plus les cafés d'artistes, son statut de femme de la bourgeoisie élégante y fait obstacle, mais elle est de tous ces échanges qui fondent et soutiennent un mouvement artistique.

Outre Paris et l'Oise, ses voyages au bord de la mer, en Bretagne, près de Fécamp, nourrissent son inspiration, qui reste toutefois très intimiste, s'attachant à magnifier les riens de la vie, le fil des jours de la sensibilité. Et comme le dit encore Stéphane Mallarmé : « Cette particularité d'une grande artiste qui, non plus, comme maîtresse de maison, ne posséda rien de banal. »

Berthe Morisot mourut de l'influenza durant l'hiver de 1895, laissant sa fille Julie à la tutelle du poète, puis de Renoir et de Degas, qui la mariera en 1900 au fils d'Henri Rouart. Berthe avait su organiser une vie accueillante pour les artistes et les poètes : elle se poursuivra ainsi dans ce qui avait été sa maison de la rue de Villejust.

À cette occasion, Pissarro, avec sa simplicité coutumière, écrivit à son fils Lucien : « Nous avons tous été surpris et affectés de la disparition de cette femme distinguée, d'un si beau talent féminin et qui faisait honneur à notre groupe impressionniste qui disparaît comme toute chose... C'est à peine si le public la connaît ! Il n'y a plus que la spéculation qui fait les noms et donne la gloire... »

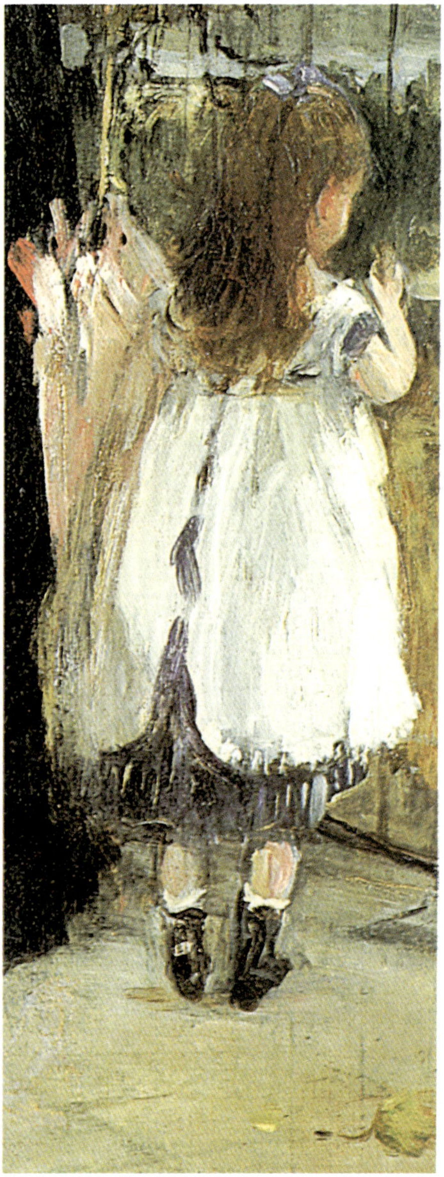

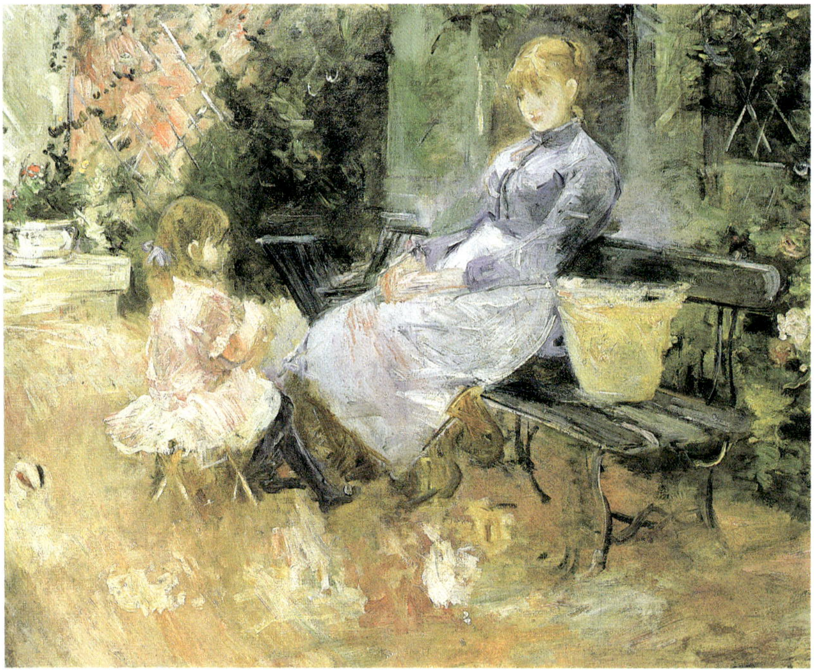

La Fable, 1883.

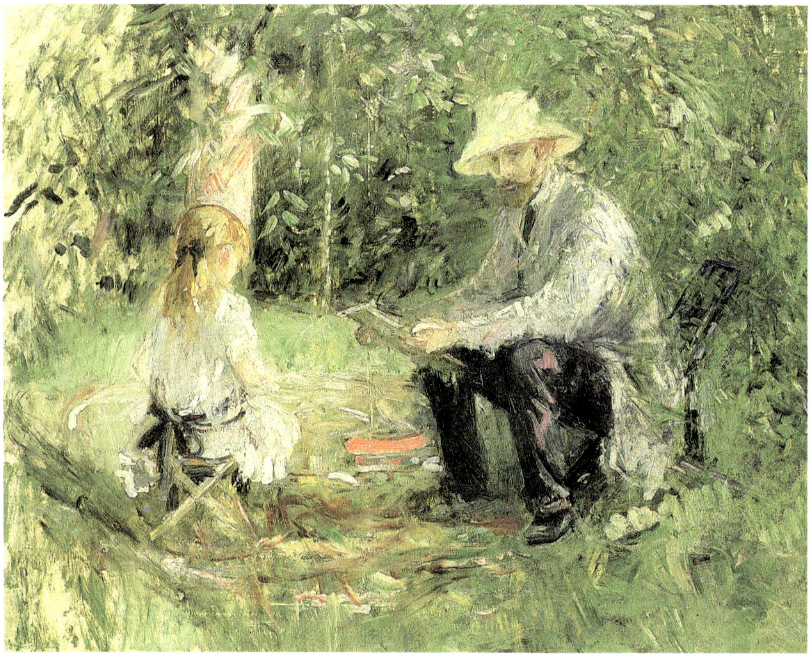

Eugène Manet et sa fille au jardin, 1883.

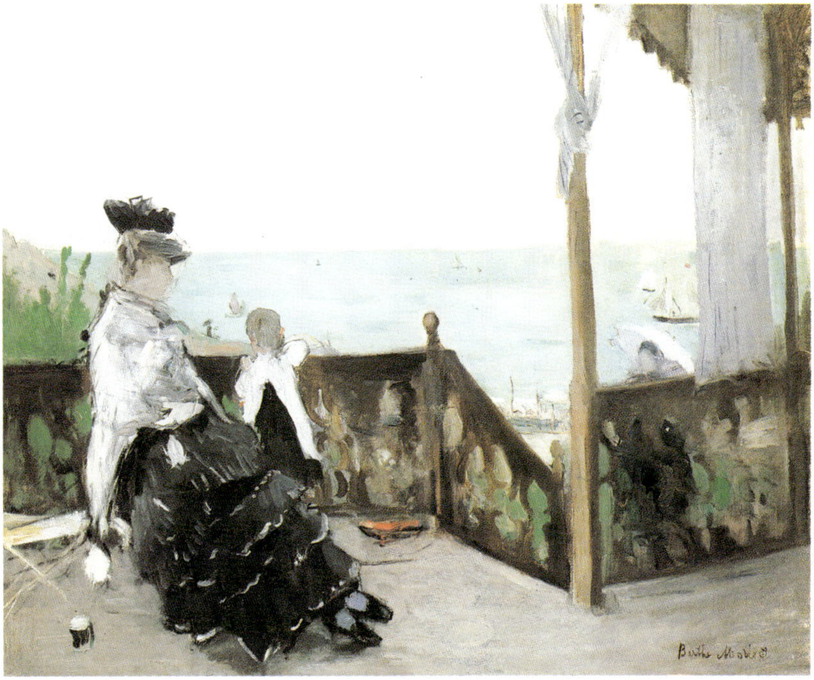

Dans une villa au bord de la mer, 1874.

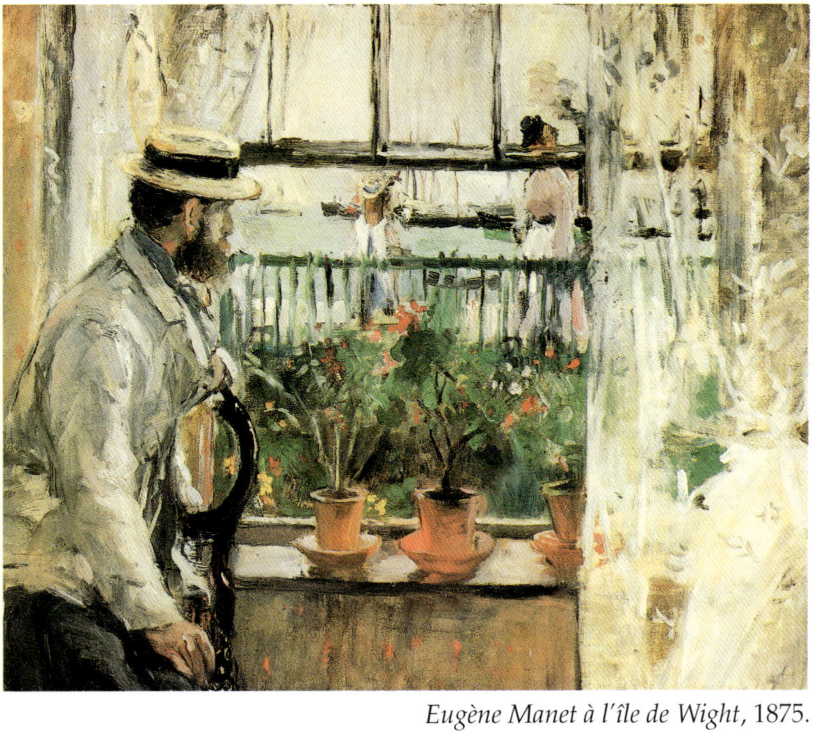

Eugène Manet à l'île de Wight, 1875.

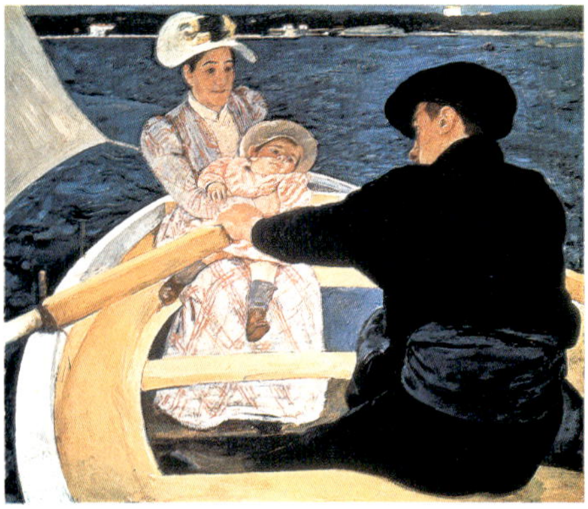

CASSATT

Peintre délicat au jeu de couleurs subtiles, à qui Degas vouait aussi une admiration sans partage pour la qualité de son dessin, Mary Cassatt a joué un rôle efficace, mais tout de réserve, dans la diffusion des œuvres de ses amis.

Fille d'un banquier américain, qui l'emmène en visite en Europe dès 1851, elle finira par se fixer en France où, après des études académiques en Amérique, elle commence par exposer au Salon officiel de 1872. C'est Degas, qu'elle-même admire, qui en 1877 la convie à se joindre au groupe qui l'accueille non comme une disciple mais comme une consœur. À ce titre, elle participe aux expositions collectives, où elle se plaît surtout à montrer des scènes intimistes. Elle pratique aussi avec passion, et avec succès auprès des connaisseurs que sont Degas et Pissarro, la gravure en couleurs, la pointe sèche, le pastel.

Installée à Paris, puis à partir de 1893 au château du Mesnil-Théribus dans l'Oise, elle est par sa famille assez riche pour voyager beaucoup — aux États-Unis, en Espagne, en Égypte même —, et pousse les riches Américains de son entourage familial, comme son frère J. Cassatt et les Havemeyer (qui légueront leur collection au Metropolitan Museum) à acquérir des œuvres de Degas, de Monet, de Sisley, de Pissarro.

Ses relations très proches et très cordiales avec Degas, se défont sur le tard, alors que l'espèce de misanthropie de celui-ci s'accentue avec sa cécité grandissante. Elle-même, devenue presque aveugle, devra renoncer à la peinture à soixante-dix ans. C'est peut-être dans son œuvre que l'on retrouve cet attrait pour la finesse et la simplicité que répandait l'art japonais de l'estampe à la fin du XIXe siècle.

La Partie de bateau, 1893.

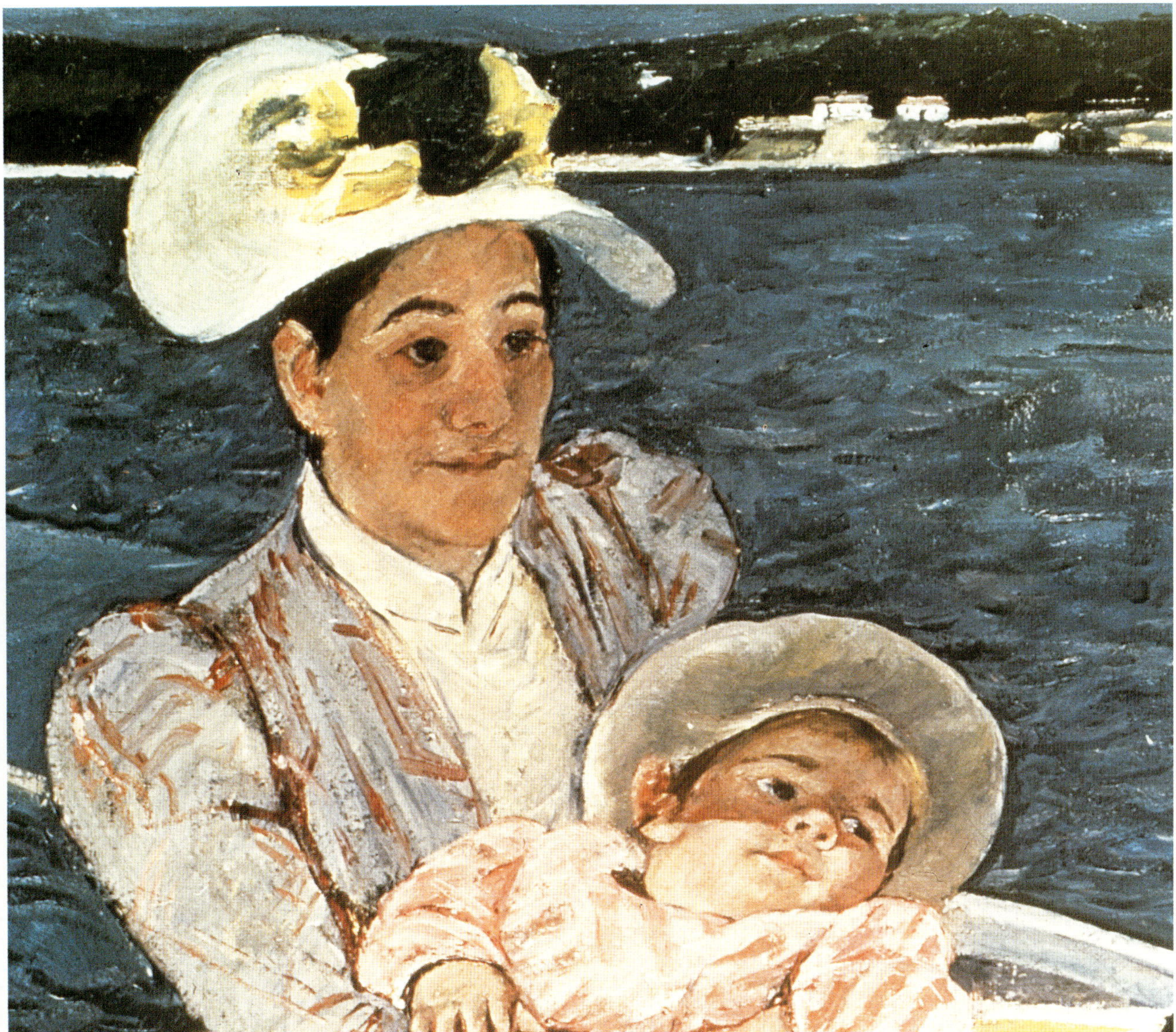

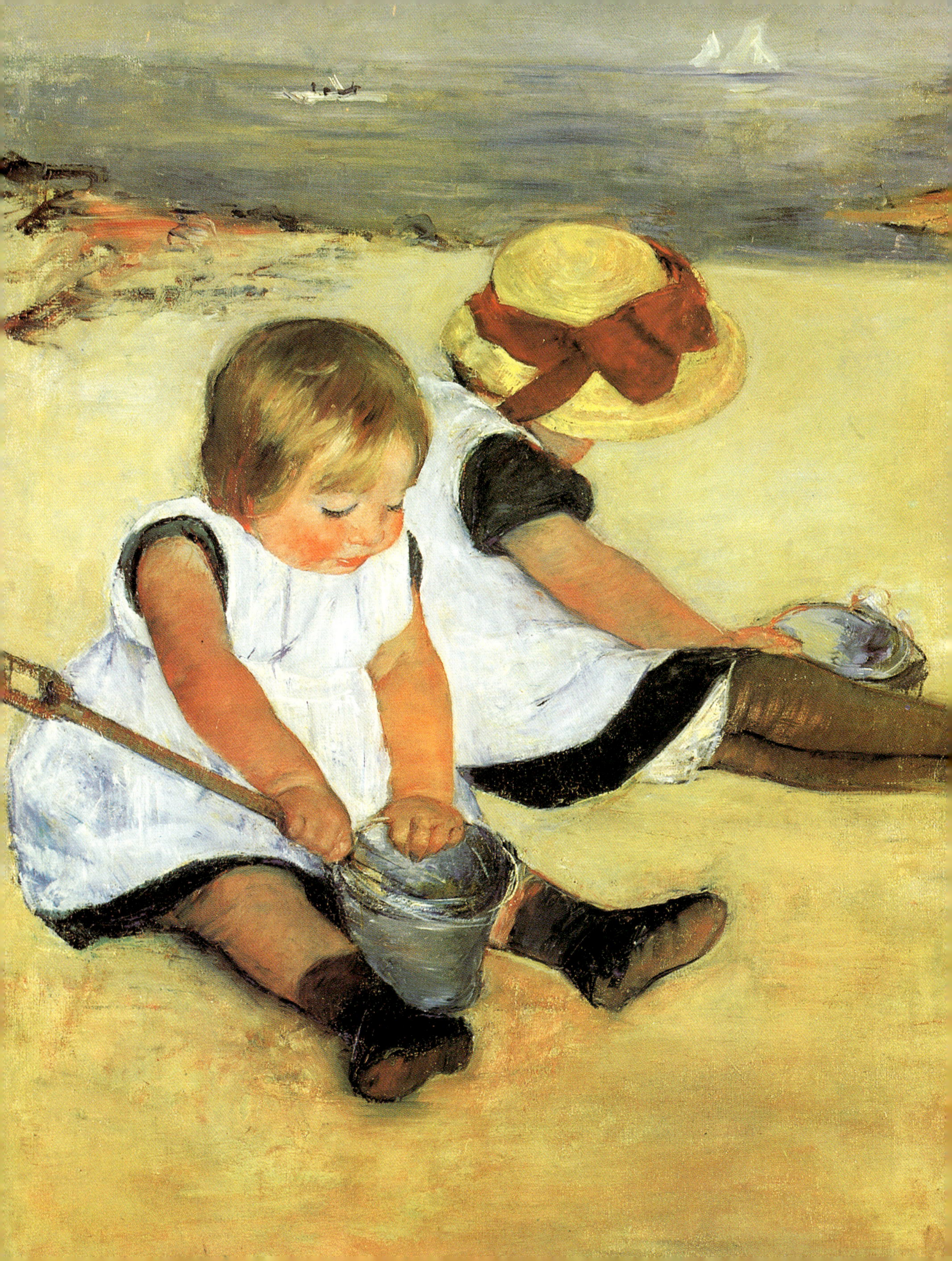

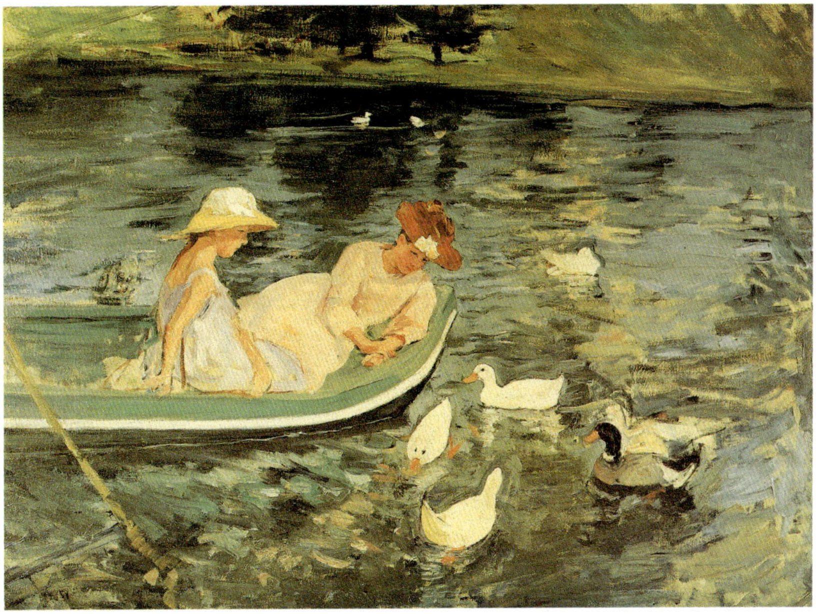

L'Eté, 1916.

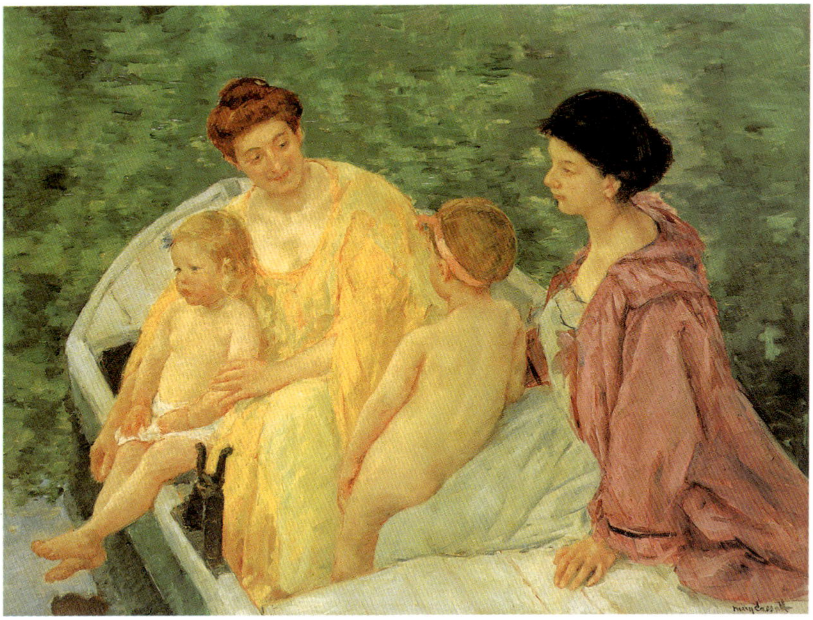

Le Bain ou deux mères et leurs enfants en bateau, 1910.

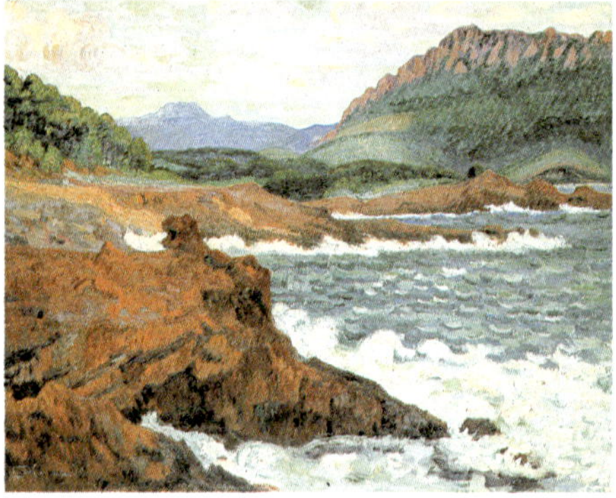

GUILLAUMIN

Certaine outrance de ses couleurs, comme son influence sur Othon Friesz, rencontré à Crozant en 1901, font de Guillaumin, fidèle discret du groupe impressionniste, une sorte d'introducteur au fauvisme.

On le connaît peu néanmoins, sans doute parce que d'origine modeste, il fut longtemps contraint de mener une vie professionnelle nocturne d'employé de la voirie. Pissarro écrivait à son sujet au début des années soixante-dix : « Il travaille le jour à la peinture et la nuit à ses fossés, quel courage ! » Il eut pour amis Cézanne, Pissarro et Gauguin, prodigua ses conseils à Van Gogh et à Signac, et fut de la plupart des expositions du groupe. Il était aussi en relation depuis le collège, à Moulins, avec Murer qui, lui-même peintre et écrivain, joua, comme restaurateur et collectionneur installé à Paris, un rôle non négligeable dans la diffusion des œuvres impressionnistes.

En 1891, sa réputation est faite et il expose aussi bien au Salon des indépendants qu'au Cercle des XX à Bruxelles, quand le gain inespéré de cent mille francs à une loterie lui permet de se consacrer exclusivement à la peinture et lui offre la liberté de voyager et de découvrir de nouveaux paysages — dans la Creuse, en Bretagne, dans le Midi, en Hollande. Geffroy, le critique de ces années attaché aux pas des impressionnistes, relève, en 1894, que le propre de Guillaumin « c'est cette imagerie violente et parfois une vraie richesse, une belle férocité ».

Vue d'Agay, 1895.

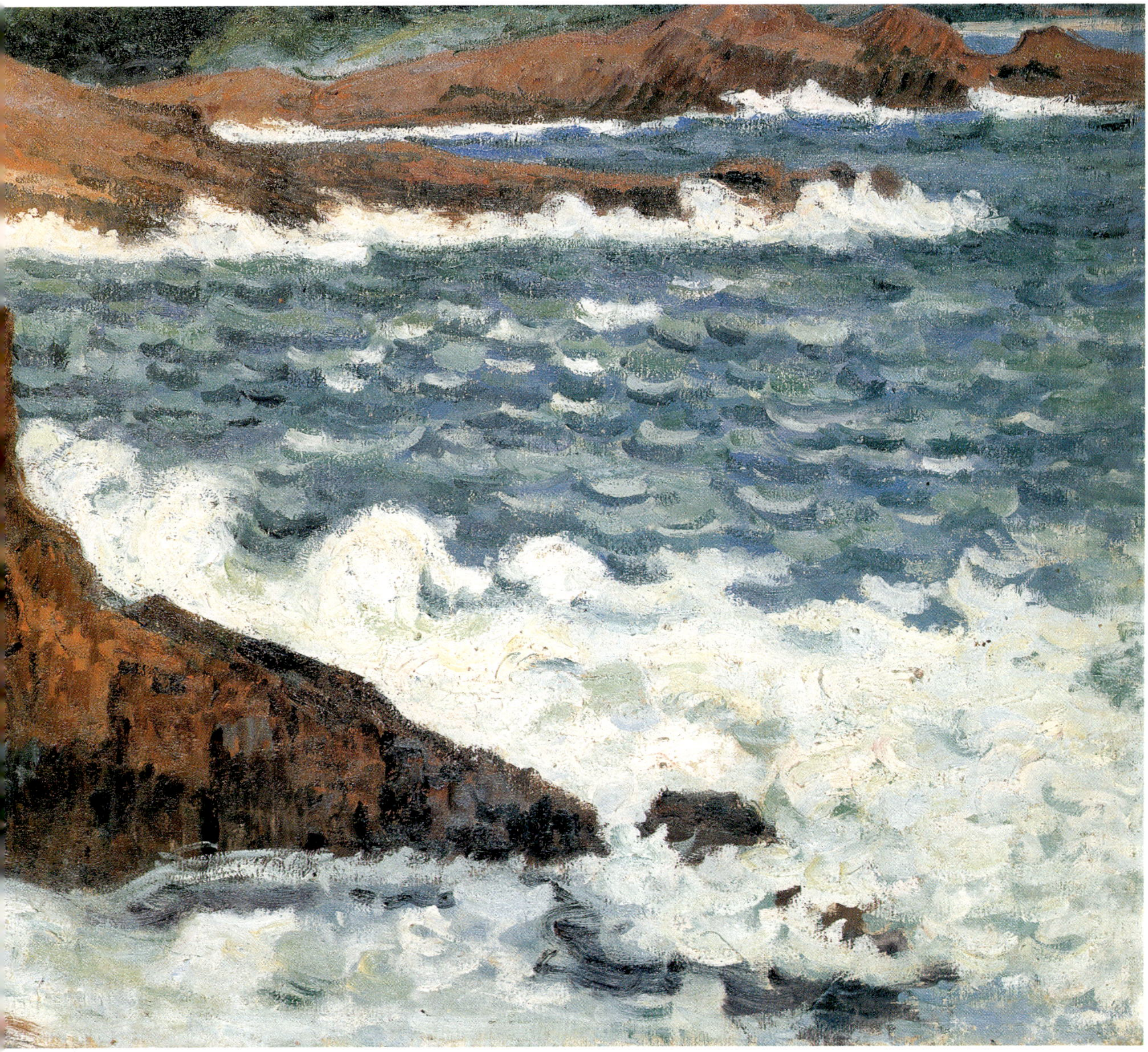

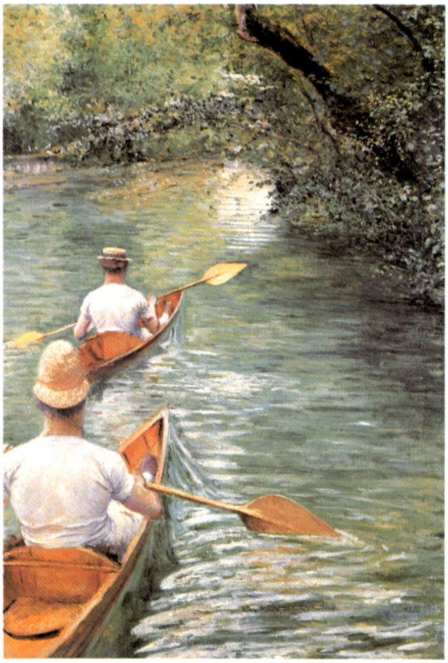

CAILLEBOTTE

Périssoires, 1878.

Ce que Bazille avait pu être, par moments, au premier noyau impressionniste, Gustave Caillebotte, célibataire et héritier très jeune d'une grande fortune, le fut à l'époque de la maturité : un soutien actif autant qu'un peintre de valeur, plus connu pour ses interventions matérielles que pour son œuvre propre. En 1894, à sa mort, le legs à l'État des œuvres de ses amis, qu'il avait collectionnées, fit davantage pour sa notoriété que sa participation pourtant très réelle au mouvement.

Après des études de droit, une participation à la garde mobile dans la défense de Paris et un voyage en Italie en 1872, il est reçu aux Beaux-Arts en 1873. En 1876, à l'invitation de Renoir, il participe à la deuxième exposition impressionniste où il montre notamment ses *Raboteurs de parquet*, son œuvre certainement la plus connue parce qu'elle est aujourd'hui au musée d'Orsay. Il rédige la même année un premier testament, qui vise à soutenir nommément la gloire future de Degas, Monet, Pissarro, Renoir, Cézanne, Sisley et Morisot.

À la troisième exposition impressionniste, il présente notamment *Rue de Paris, Temps de pluie, Le Pont de l'Europe*. Pour la quatrième, il participe très directement à l'organisation, et montre avec *La Rue Halévy vue du sixième étage* une de ces vues plongeantes sur la ville, qu'il reprendra de nombreuses fois. Il expose également des scènes de pêche et de canotage en périssoire, ces loisirs qu'il partage souvent avec Renoir et Monet vers Argenteuil et Chatou, et figure au premier plan du *Déjeuner des canotiers* de Renoir.

Ses quelque trois cents œuvres, de facture impressionniste, jouent aussi sur des effets de perspective et de lumière, comme une sorte d'introduction aux nabis.

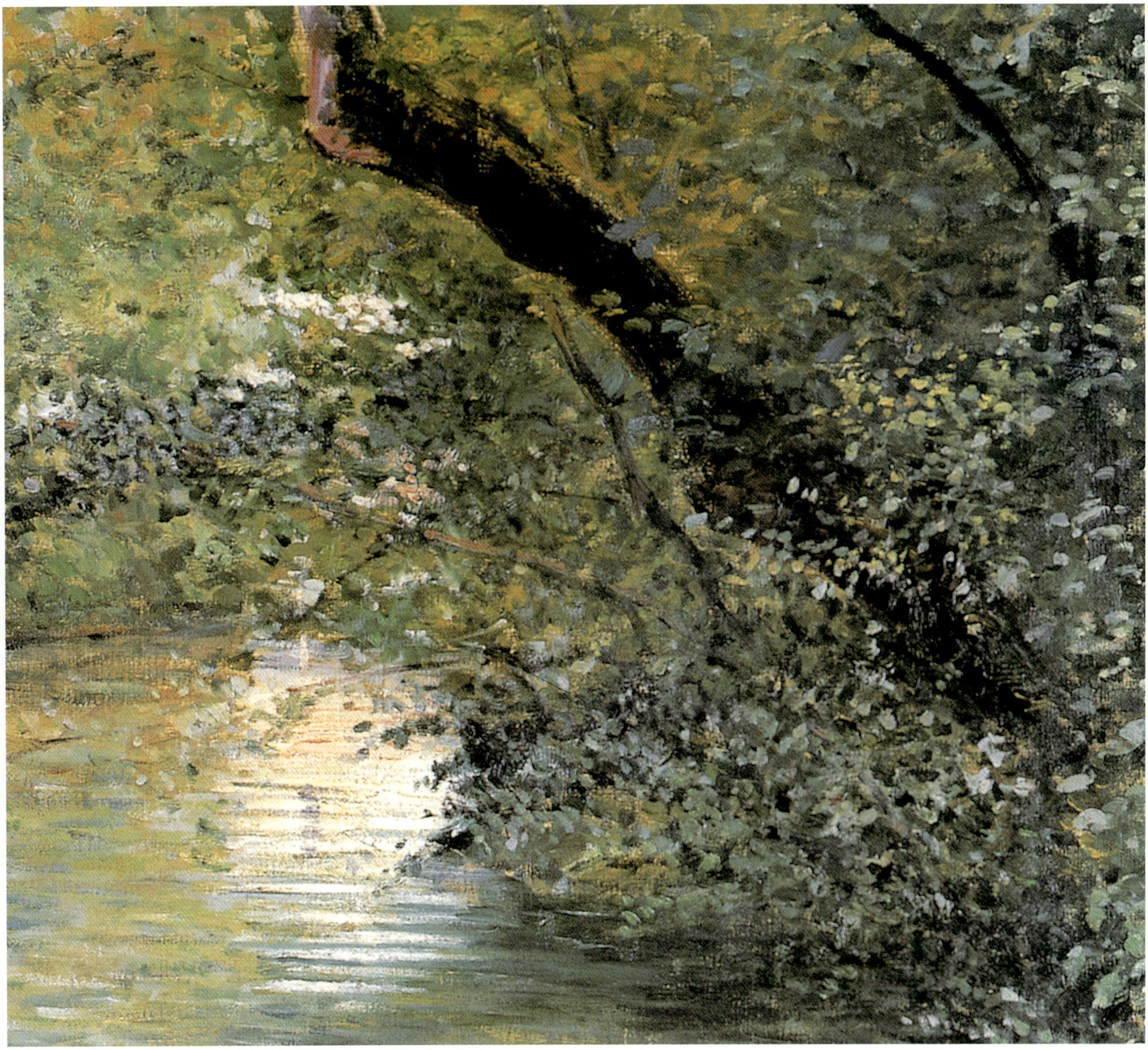

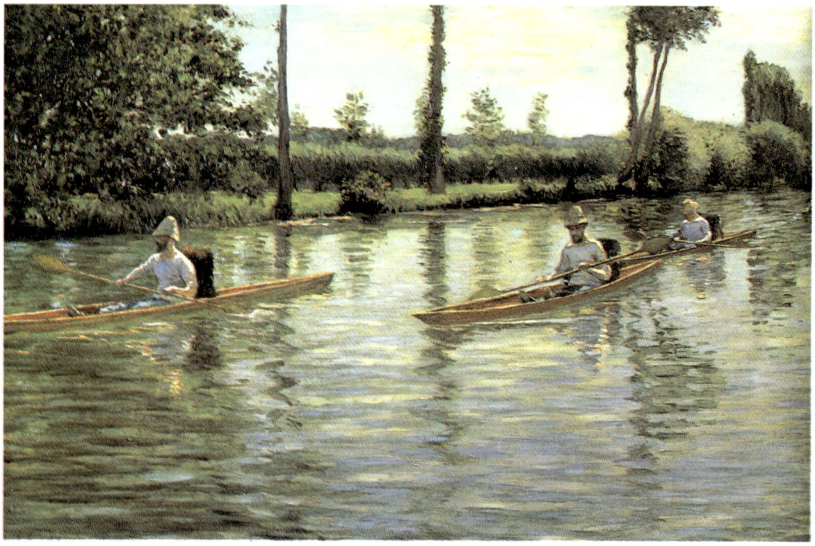

Périssoires sur l'Yerres, 1877.

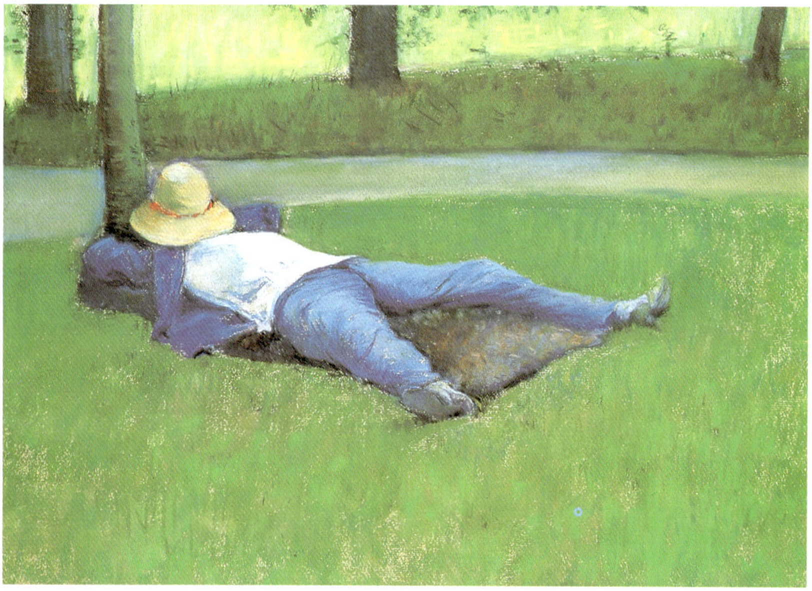

La Sieste, 1877.

Baigneurs, bord de l'Yerres, 1878.

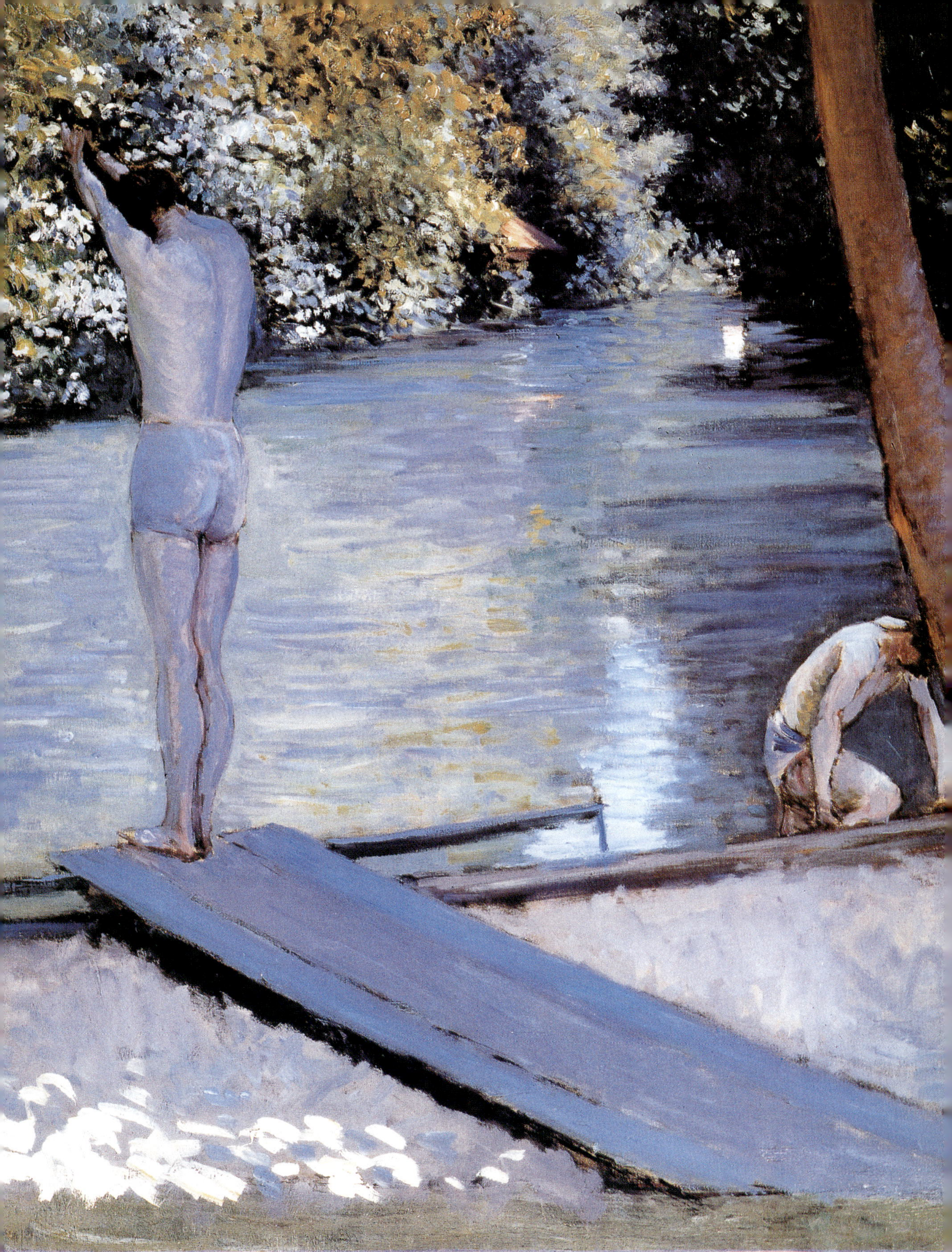

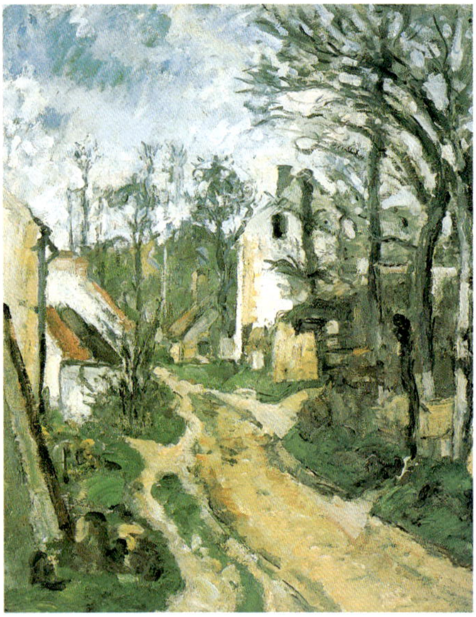

CÉZANNE

Route à Auvers-sur-Oise, 1873-1874.

Cézanne avait-il du génie ? Il en eut mais ce ne fut certes pas un génie romantique. Il s'agit plutôt d'un don de soi à un idéal pressenti dès la jeunesse, poursuivi et illustré à travers toute une œuvre, la mise en symbiose d'une grande culture et d'une grande inspiration. Il fut en tout cas salué par plusieurs de ses pairs comme l'un des meilleurs d'entre eux, avant d'avoir une véritable existence publique, avant que les cubistes ne discernent en lui le prophète de leurs propres inventions, celui qui ouvre en grand les voies de l'art moderne.

Farouche, timide, rageur, au point quelquefois de piétiner ses toiles, volontiers provocant dans ses attitudes — « Je ne vous serre pas la main, monsieur Manet, je ne me suis pas lavé de quinze jours ! » — ou dans son costume, il est resté toute sa vie le « curieux Provençal » que rencontrait Pissarro dans les années soixante.

Fils d'un chapelier cossu devenu banquier, établi à Aix-en-Provence, qui lui assurera malgré nombre de démêlés des revenus suffisants pour vivre sa vocation artistique en toute indépendance, Cézanne déménagera beaucoup au cours de son existence mais dans un espace en définitive limité. Comme s'il ne pouvait et ne voulait rompre avec la Provence où se sont forgés ses premières et ses plus durables amitiés de même que son goût pour les beautés de la nature et pour la liberté. Lui qui avait pour favorite l'odeur des champs ne se sentit jamais à l'aise dans un Paris où il séjourna pourtant très souvent.

Zola, son condisciple et son ami de collège, qui voulait le promouvoir et l'établir, devait se détourner de lui, notamment dans son livre intitulé *L'Œuvre* où l'attitude du peintre laisse entendre qu'il est un artiste raté. Mais Zola ne pouvait sans doute comprendre que l'obsession d'un peintre fût aussi grande et obstinée dans son domaine que la sienne pouvait l'être dans le réalisme littéraire.

Cézanne densifia la peinture quand les autres impressionnistes la dispersaient en autant de moments. Lui voulait d'emblée faire de son art, de l'art de son temps « quelque chose de solide et durable comme l'art des musées ».

Le maître de la Sainte-Victoire, le primitif d'un art nouveau comme on l'a appelé, a laissé à la postérité, à travers ses lettres, quelques clefs pour l'interprétation de son œuvre. Formulées en une langue simple, elles disent, sans expliquer, ce qui pouvait l'habiter dans l'acte de peindre, dans tout acte de peindre :

« Je vous dois la vérité en peinture et je vous la dirai. »

« Pour les progrès à réaliser, il n'y a que la nature et l'œil s'éduque à son contact. Il devient concentrique à force de regarder et de travailler. »

Par cette volonté d'échapper à la contingence, Cézanne, le lecteur de Virgile, fut de ce temps la seule parole sacrée.

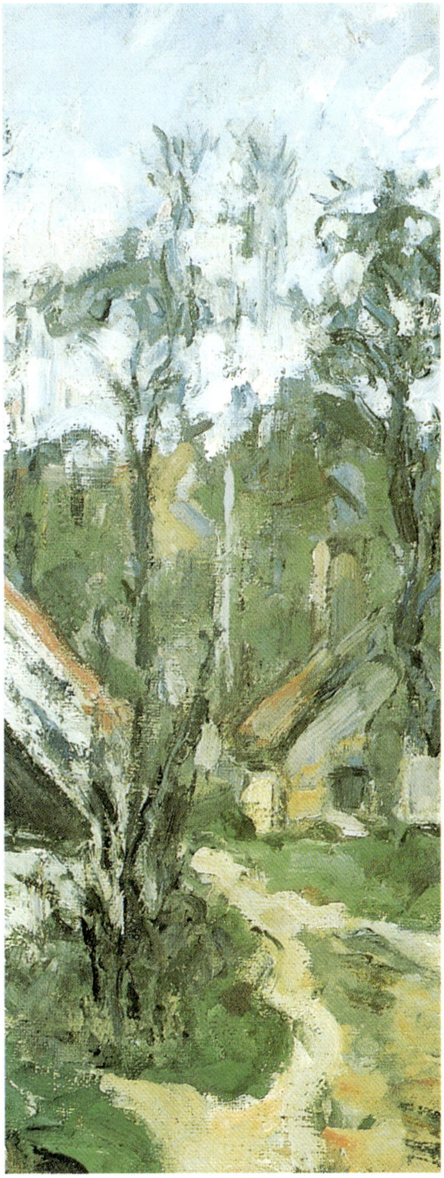

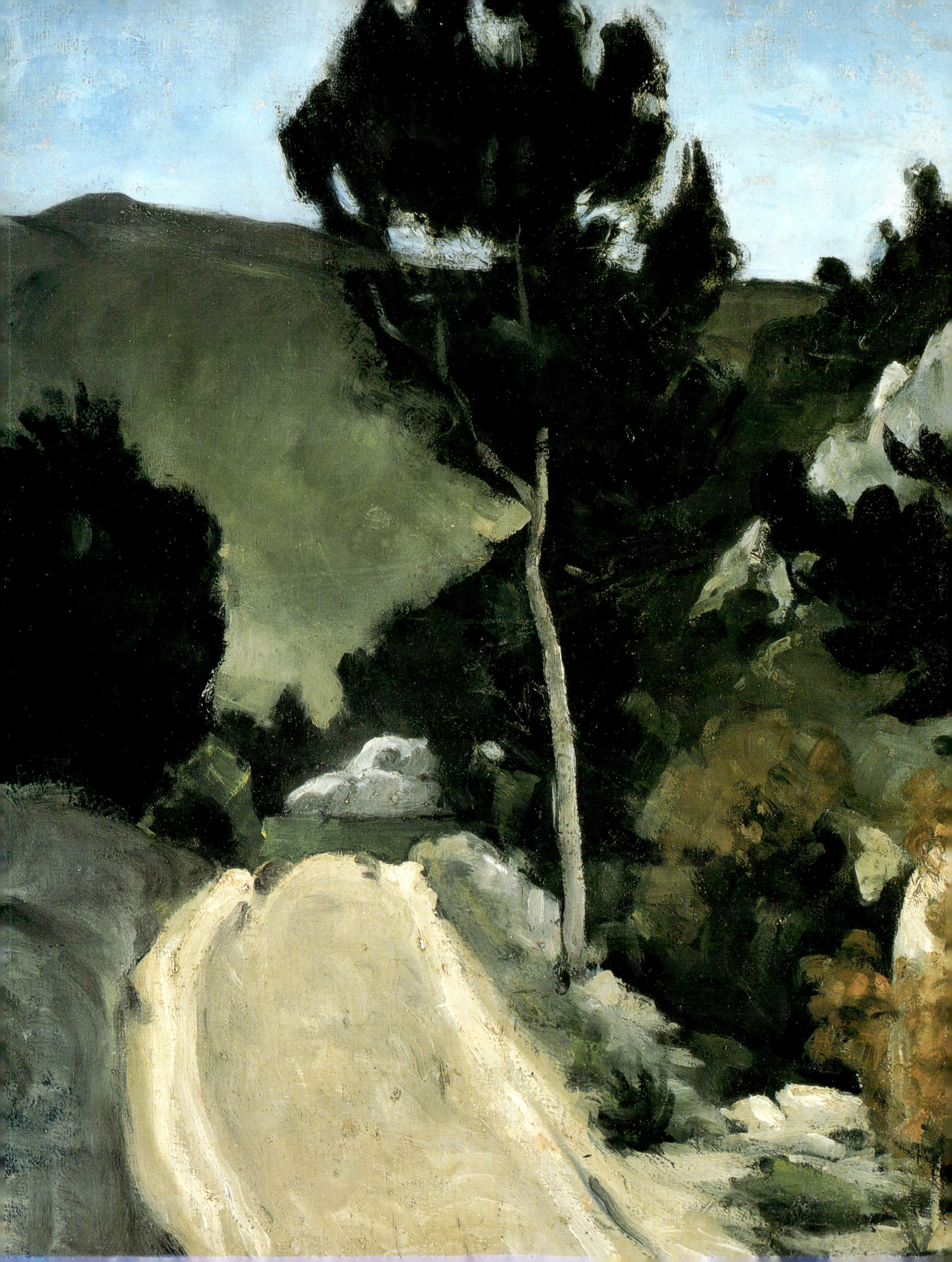

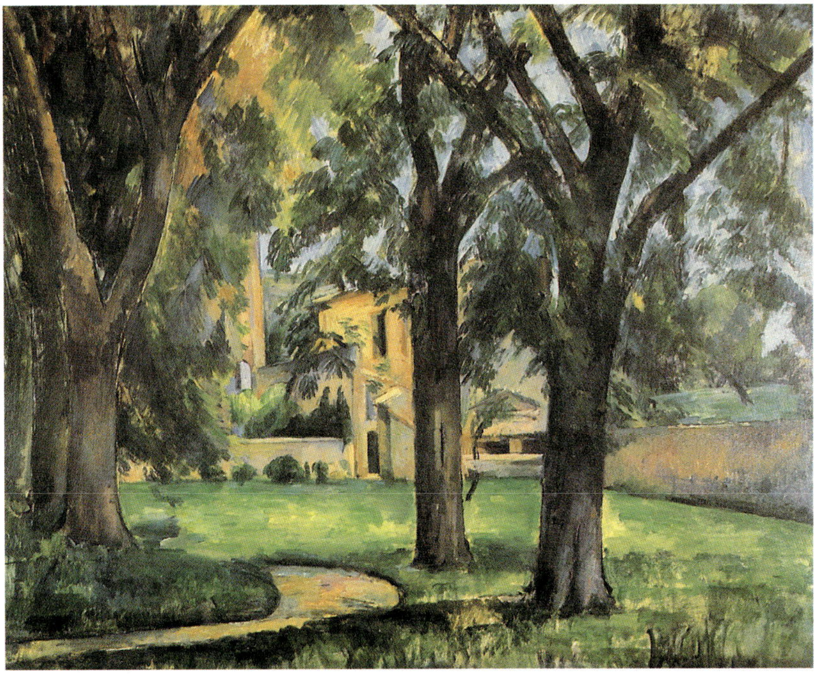

Marronniers et ferme au Jas de Bouffan, 1885-1887.

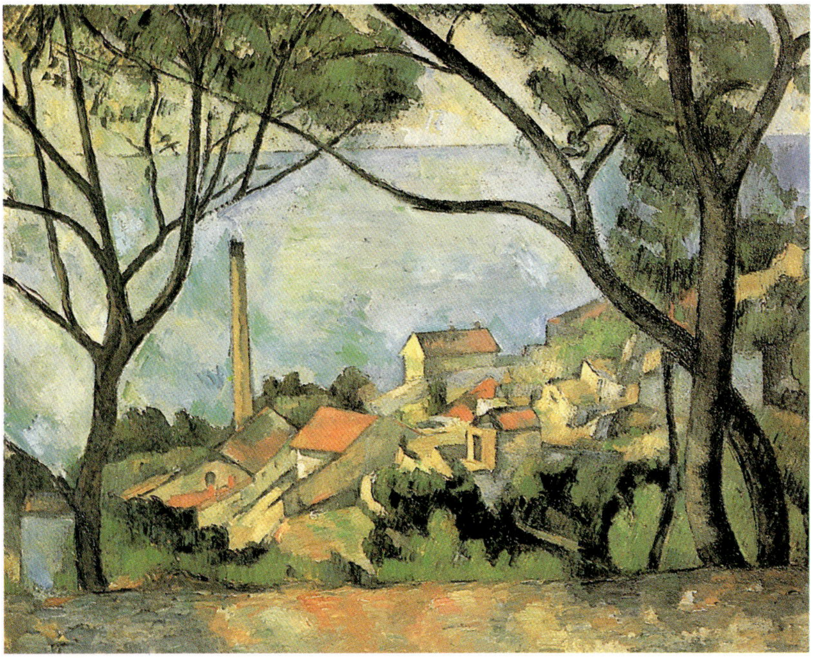

La Mer à l'Estaque, 1884.

Route tournante en Provence, 1868.

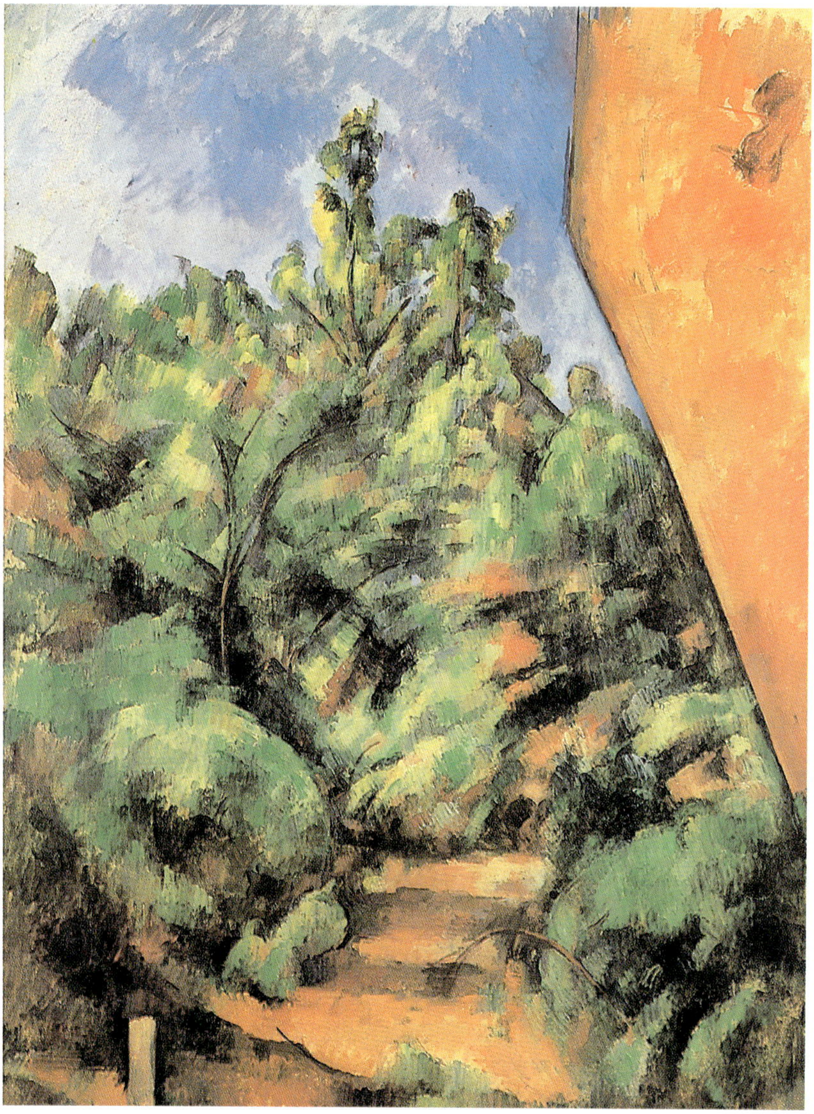

Le Rocher rouge, 1890.

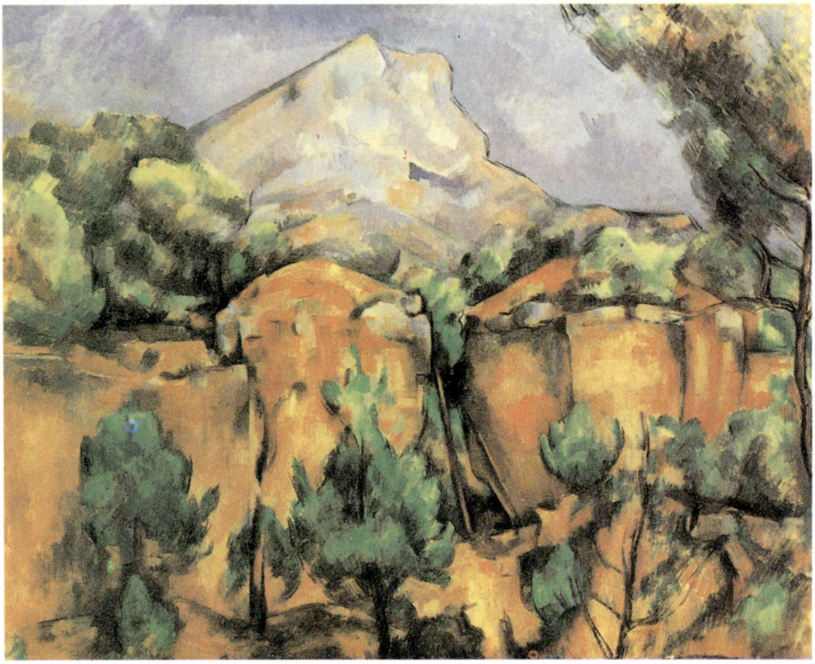

La Montagne Sainte-Victoire vue de Bibémus, 1887.

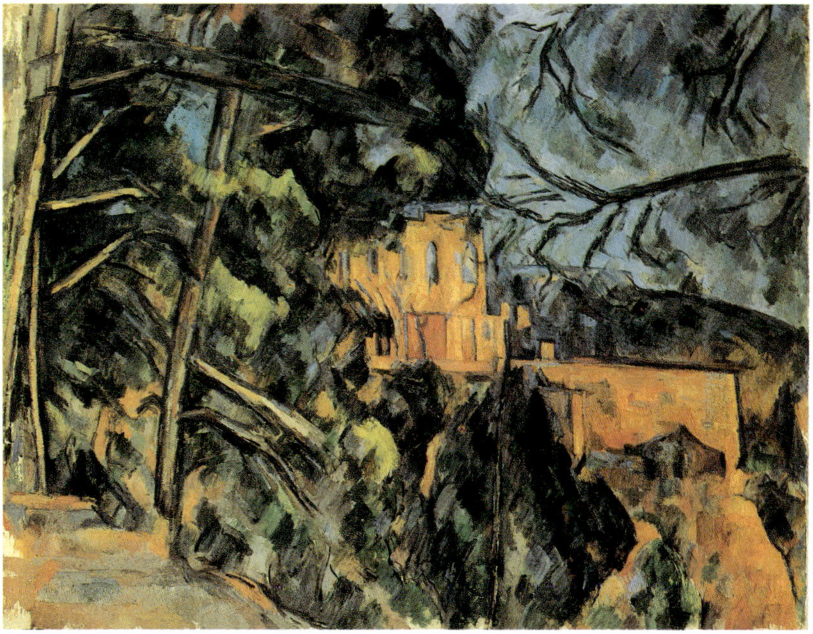

Le Château-Noir, 1900-1904.

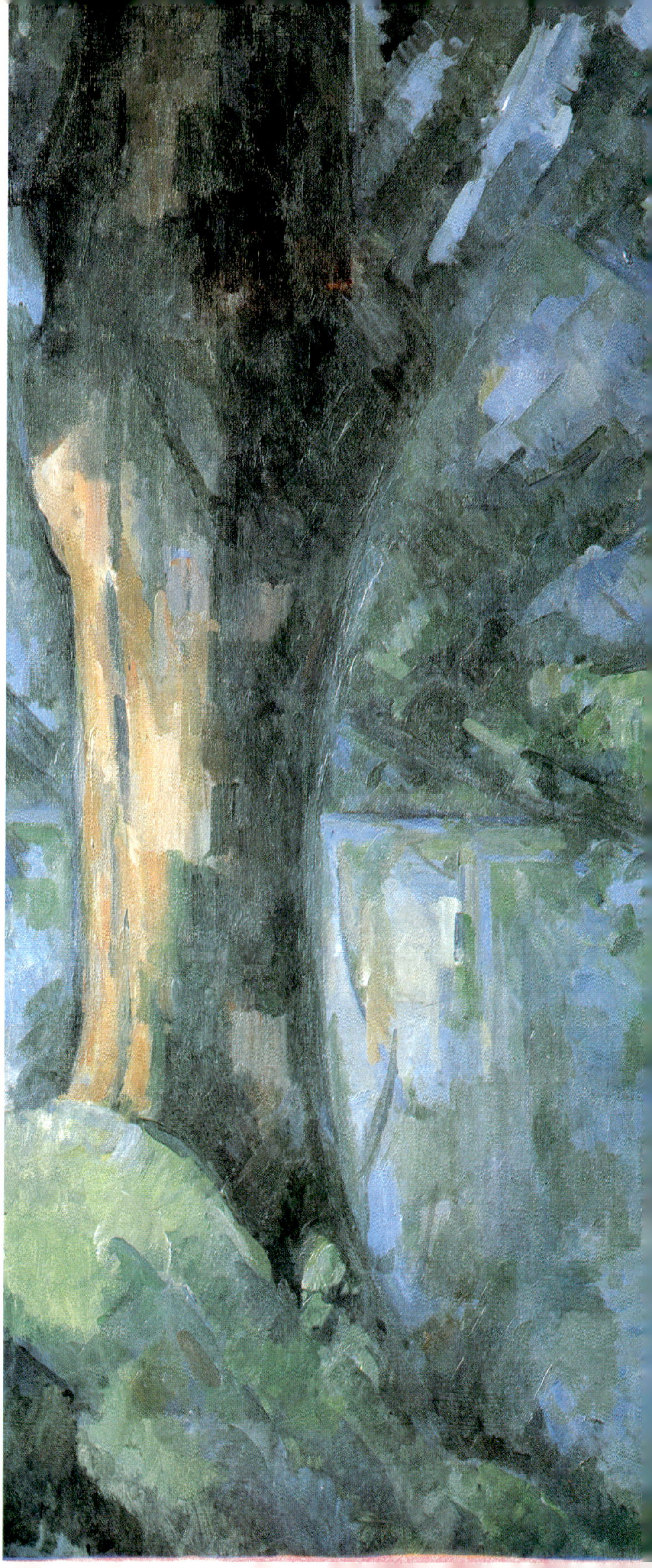

Le Lac d'Annecy, 1896.

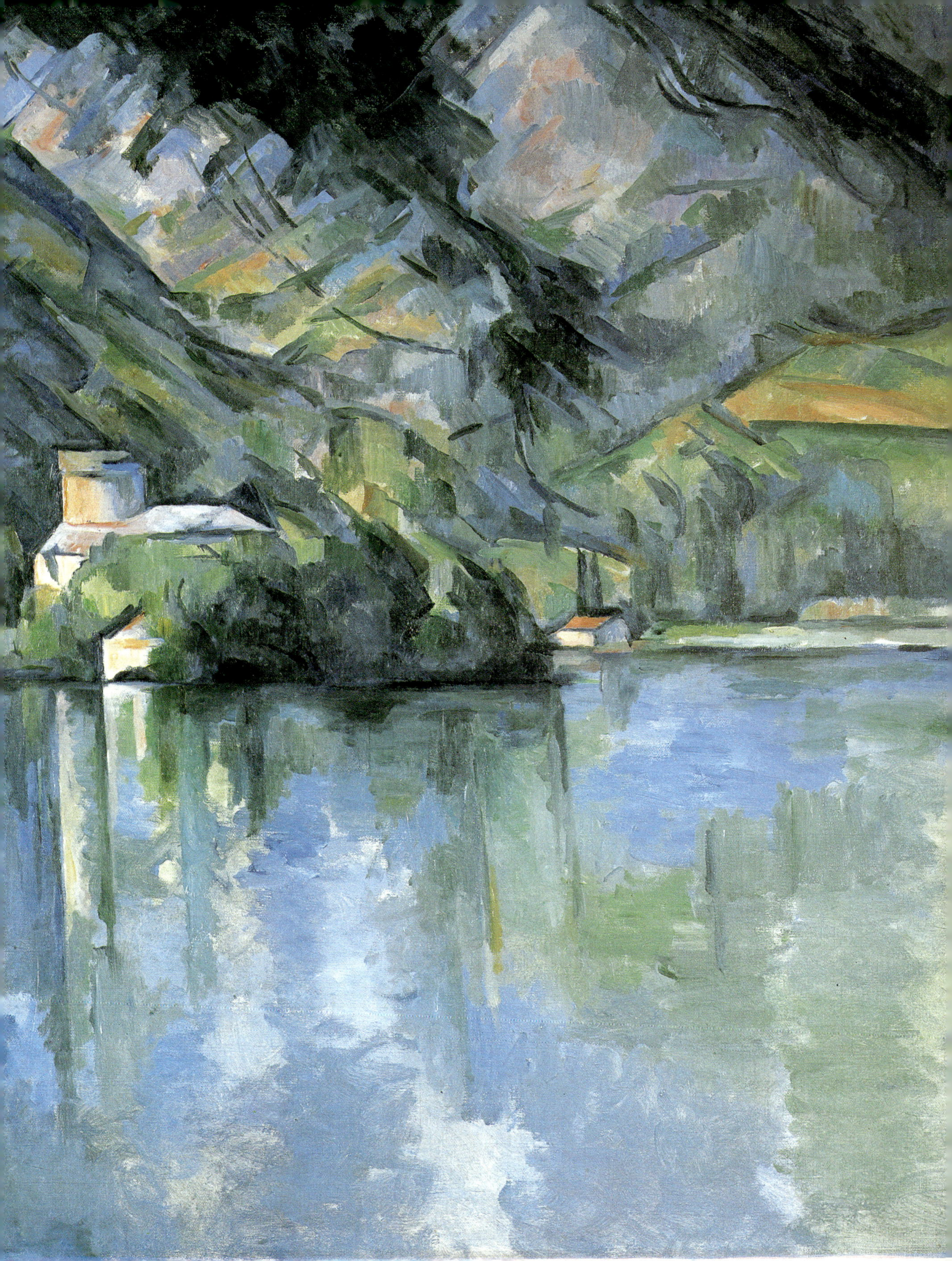

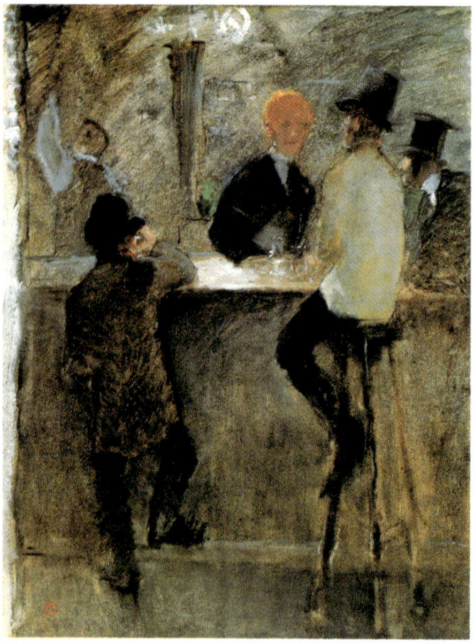

TOULOUSE-LAUTREC

Au bar, 1887.

Fils d'une grande famille du Midi, et d'un père quelque peu extravagant, dont il dira lui-même : « Où se trouve papa on est toujours sûr de ne pas être le plus remarquable », Toulouse-Lautrec, de complexion osseuse fragile, doit sans doute à deux fractures malheureuses, en 1878 et 1879, l'arrêt de sa croissance et le développement pictural de ses dons d'observateur aigu des hommes. Émancipé par son origine aristocratique de certains préjugés sociaux ordinaires et marginalisé par sa petite taille et sa démarche toujours pénible, pour laquelle il s'aide d'une canne, il ne craindra pas d'élire domicile dans les cabarets dansants et même dans les bordels, et, tout en respectant les formes, de se livrer à une débauche alcoolique qu'il qualifiera lui-même de « suicide moral ».

« Je ne suis d'aucune école. Je travaille dans mon coin. J'admire Degas et Forain » (1891). Depuis 1884 Toulouse-Lautrec a commencé de se faire l'illustrateur de la vie montmartroise, avec ses cafés et ses cabarets : le Rat-Mort, l'Élysée-Montmartre, le Chat-Noir, puis le Mirliton, le Moulin de la Galette, le Moulin-Rouge enfin où il aura chaque soir sa table retenue. Ses affiches et ses dessins vantent les célébrités de l'heure, comme la Goulue, Valentin le Désossé, Grille-d'Égout, puis le clown Chocolat et la danseuse Jane Avril.

Il se tue à l'alcool dans cette vie nocturne, mais il voyage aussi, séjourne au Crotoy, en Angleterre, en Espagne, pratique la voile dans le bassin d'Arcachon. Et dans ces deux vies, manifeste son don étonnant d'observateur de la vie sociale, du mouvement, des êtres humains et des animaux.

Poussant jusqu'à leur paroxysme expressif des thèmes qui étaient aussi ceux de Degas, il fait si bien corps avec ce monde et avec cette époque, il est si bien Paris et Montmartre dans ce qu'ils ont pu avoir d'unique en ce temps-là que, même venu trop tard pour se mêler de près aux impressionnistes, il reste pour nous l'un de leurs proches et, avec son génie propre, comme un autre versant de leurs efforts.

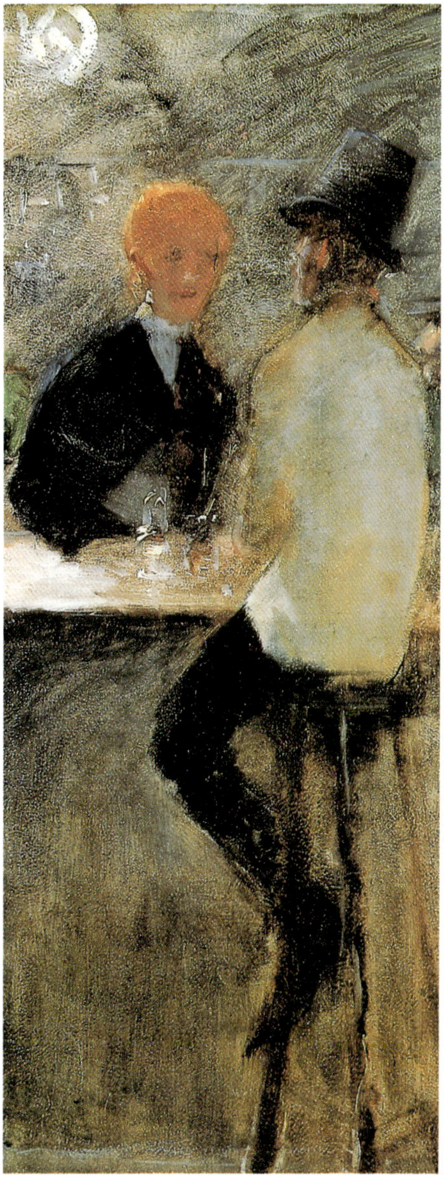

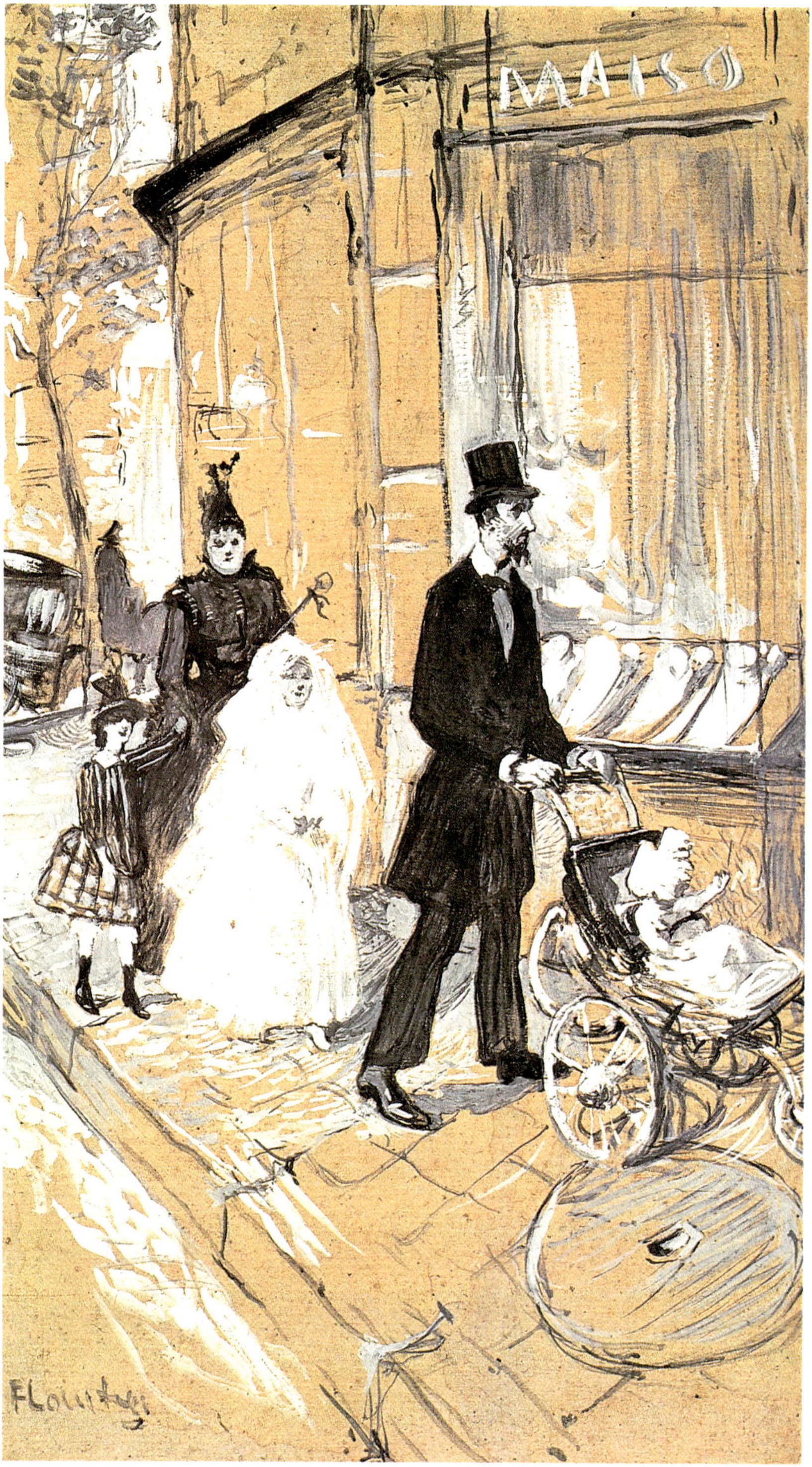

Le Jour de la première communion, 1888.

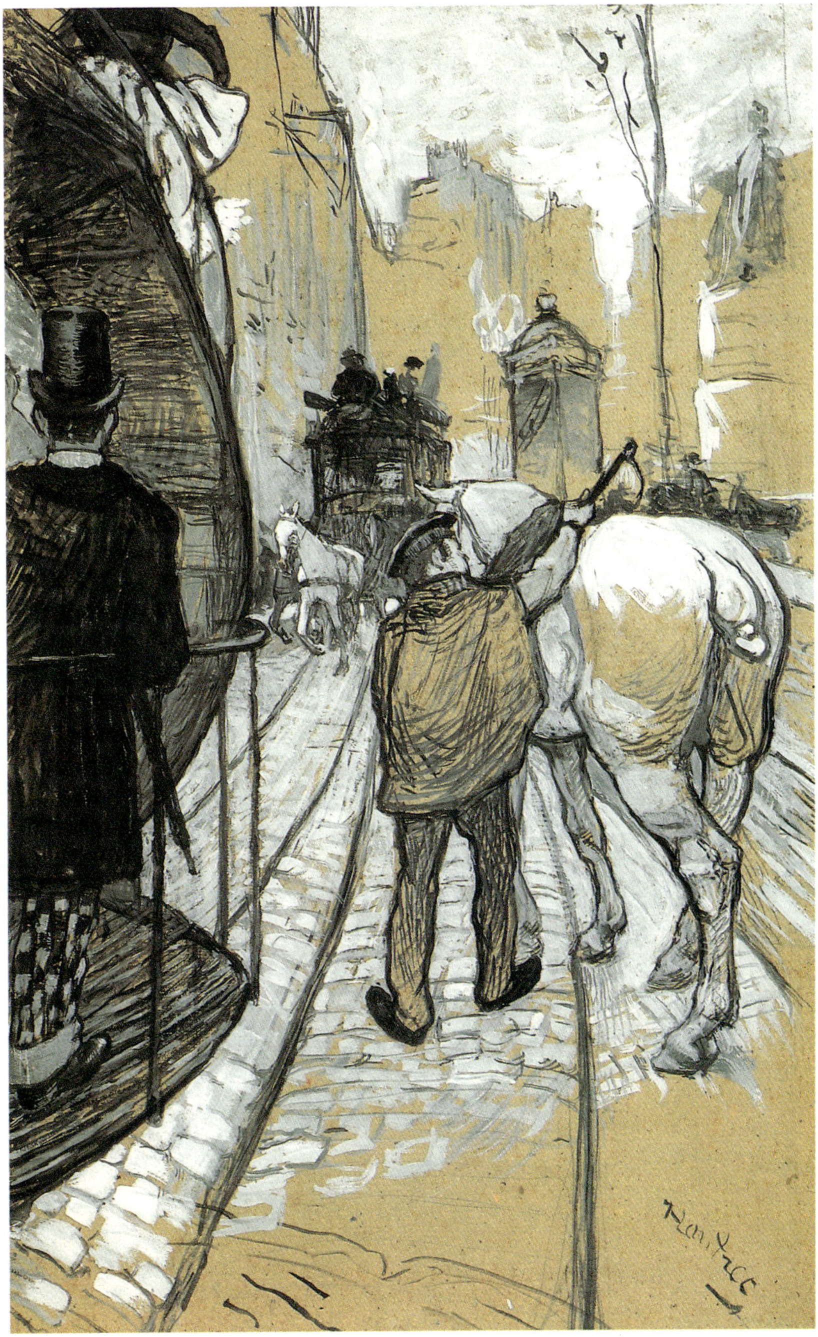

Le Côtier de la compagnie des omnibus, 1888.

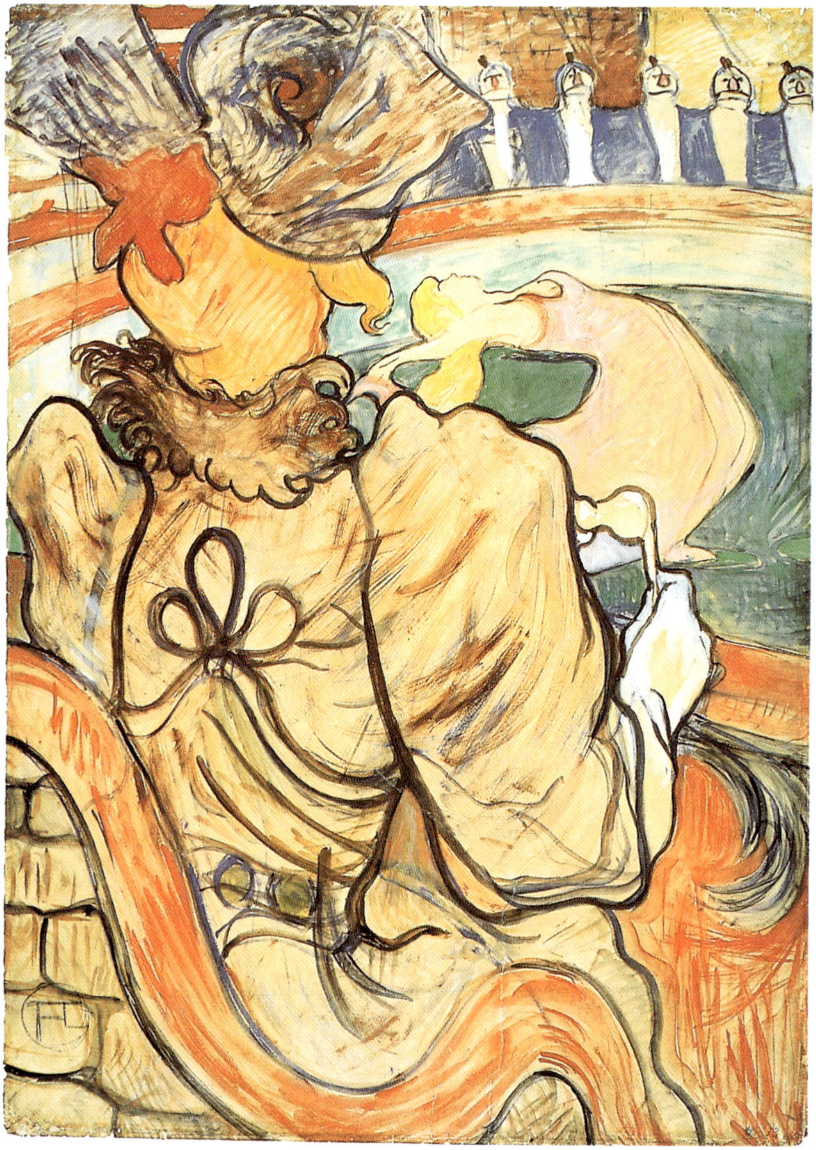

Au Nouveau Cirque, la clownesse aux cinq plastrons, 1892.

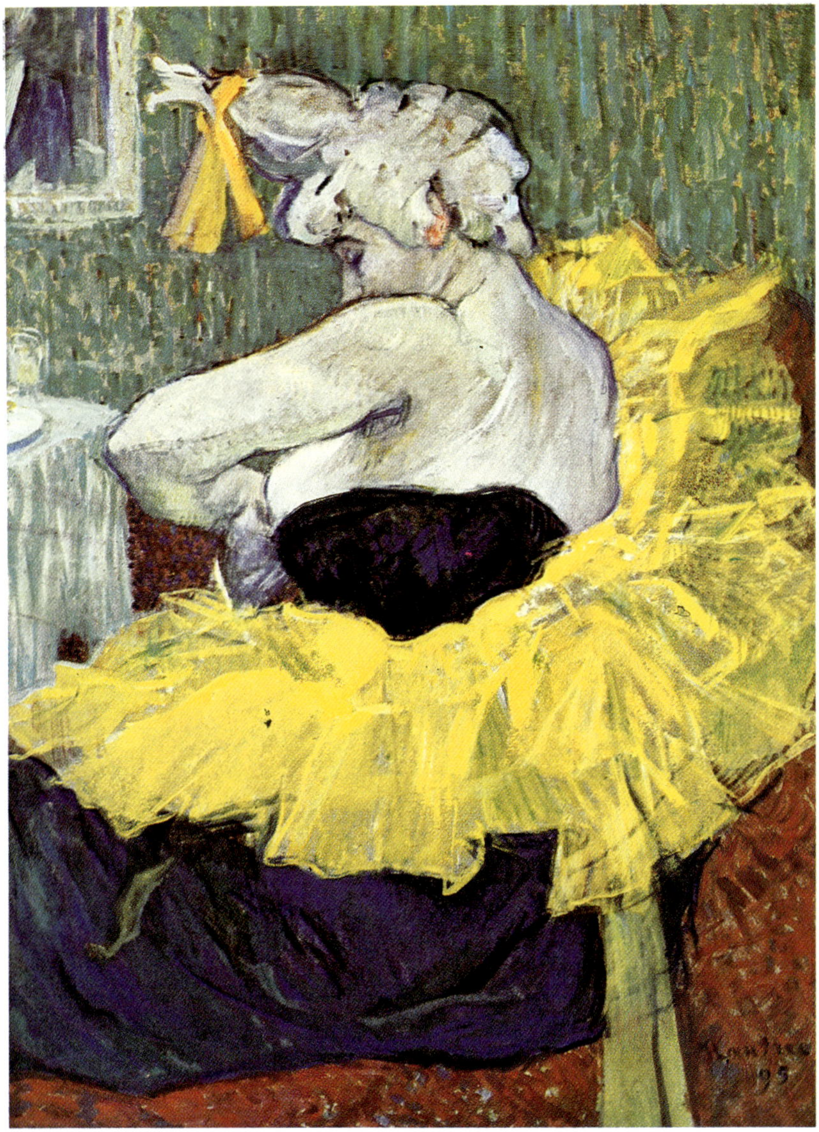

La Clownesse, 1895.

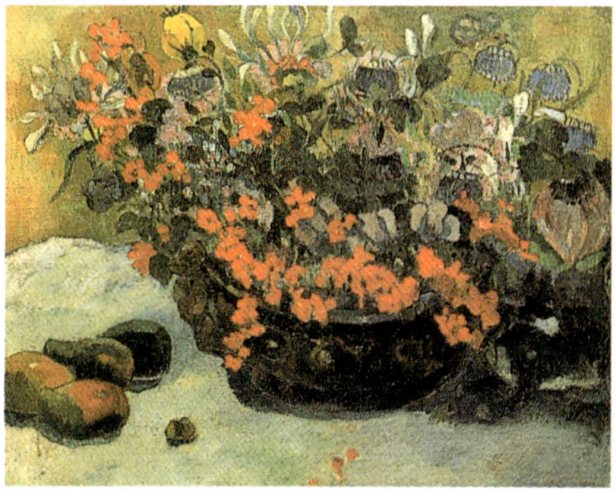

Bouquet de fleurs, 1897.

GAUGUIN

« Le loup sauvage sans collier » que décrivait Degas traversa la vie en rebelle combattant, appelé toujours plus loin dans l'espace et le temps, pour aller au-delà d'un mouvement qu'il jugeait « trop bas de plafond », parce qu'il ne répondait que dans l'esprit français du temps à des questions qu'il se posait, lui, au niveau de son humanité.

Sauvage, primitif, il se pensait, même quand il était employé de compagnies boursières et jouissait de tous les privilèges d'un argent facile. Entreprenant, spéculateur même, il le resta, quand il éprouva le besoin de partir toujours plus loin, pour reconquérir une authenticité qu'il ne pouvait trouver dans le monde européen.

Petit-fils de Flora Tristan, grande figure féministe et utopiste, les hasards des liens familiaux et la mort prématurée de son père à Panamà, tandis que sa famille rejoint le Pérou, lui font passer sa petite enfance à Lima. On le retrouvera par la suite à dix-sept ans pilotin sur le *Luzitano*, qui fait la ligne Le Havre-Rio. Plus tard encore, au moment du percement de l'isthme, il cherchera à faire fortune à Panamà, envisagera de s'installer à Madagascar, avant de se rallier à l'isolement culturel plus grand encore de Tahiti puis des Marquises...

Son tuteur, Arosa, collectionneur qui s'intéresse à Delacroix, mais aussi à Corot, Courbet, Jongkind et déjà à Pissarro, lui procure un travail chez un agent de change et l'introduit au monde de l'art. À travers lui aussi, Gauguin rencontre Mette Gad, une jeune Danoise qu'il épouse en 1873. Déjà il travaille la peinture avec acharnement. Malgré leurs nombreux enfants, leur couple se brisera définitivement en 1885, quand il en fera son métier et ne saura s'adapter au Danemark. Il ne gardera avec Mette que des relations d'affaires et de père aléatoire. Ses premiers tableaux et des affinités de relations lui font connaître Pissarro en 1874, nombre d'artistes scandinaves, Degas, Cézanne. Lui-même n'est pas boursier pour rien et collectionne les œuvres de ses contemporains.

Il fait un premier séjour breton à Pont-Aven en 1886, séjourne à Panamà puis à la Martinique en 1887, se fait de nouveaux amis avec Émile Bernard, Daniel de Monfreid, les Van Gogh. De nouveau à Pont-Aven, puis en Arles à l'invitation de Vincent — qu'il quitte brutalement lors de la crise de démence de celui-ci quand il se tranche un bout du lobe de l'oreille — puis au Pouldu, Gauguin élabore sa nouvelle peinture très colorée.

Dans les années 1888-1890, quoique étranglé par ses difficultés matérielles, il prépare son grand départ, dont le désir est accru par la fascination qu'exerce sur lui ce qu'il connaît de l'art khmer, de l'art de l'Inde et de Java, d'Utamaro aussi.

Il arrive à Tahiti au printemps 1891, y séjourne deux ans. L'insuccès d'un premier retour en France l'y ramène définitivement en 1895, puis le conduira en 1901 à Hiva-Oa, aux Marquises, où il meurt épuisé en 1903.

Les années de cette sauvagerie à laquelle il a enfin accédé sont les plus heureuses et les plus dures de sa vie. Ayant quitté un monde qu'il n'aimait pas, il se jette à corps perdu dans le rêve d'un monde tout à fait autre qui déjà se fissure. Déraciné, solitaire, enivré de rapports naturels que « civilisé » il ne partage pourtant qu'à demi, il devient l'être qu'il désirait seulement être :

« D'où venons-nous ? Que sommes-nous ? Où allons-nous ? »

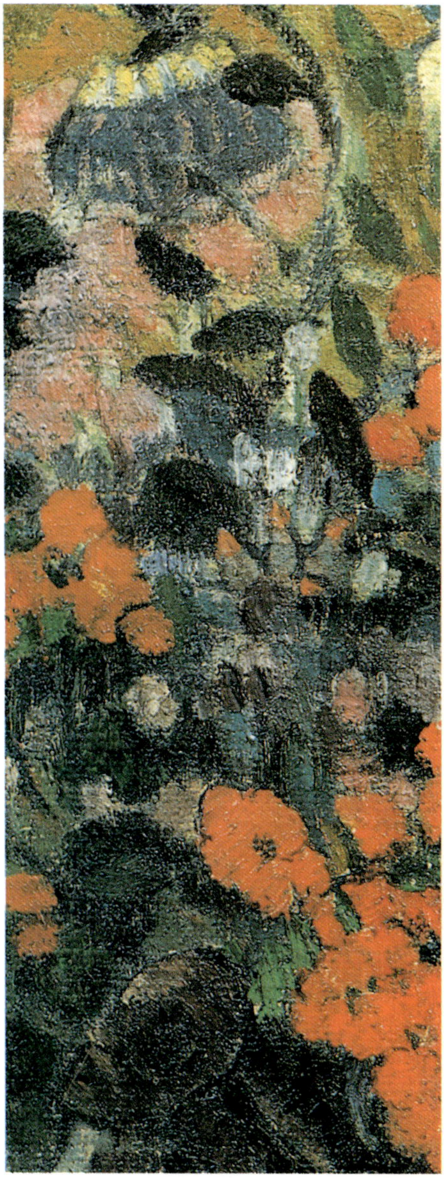

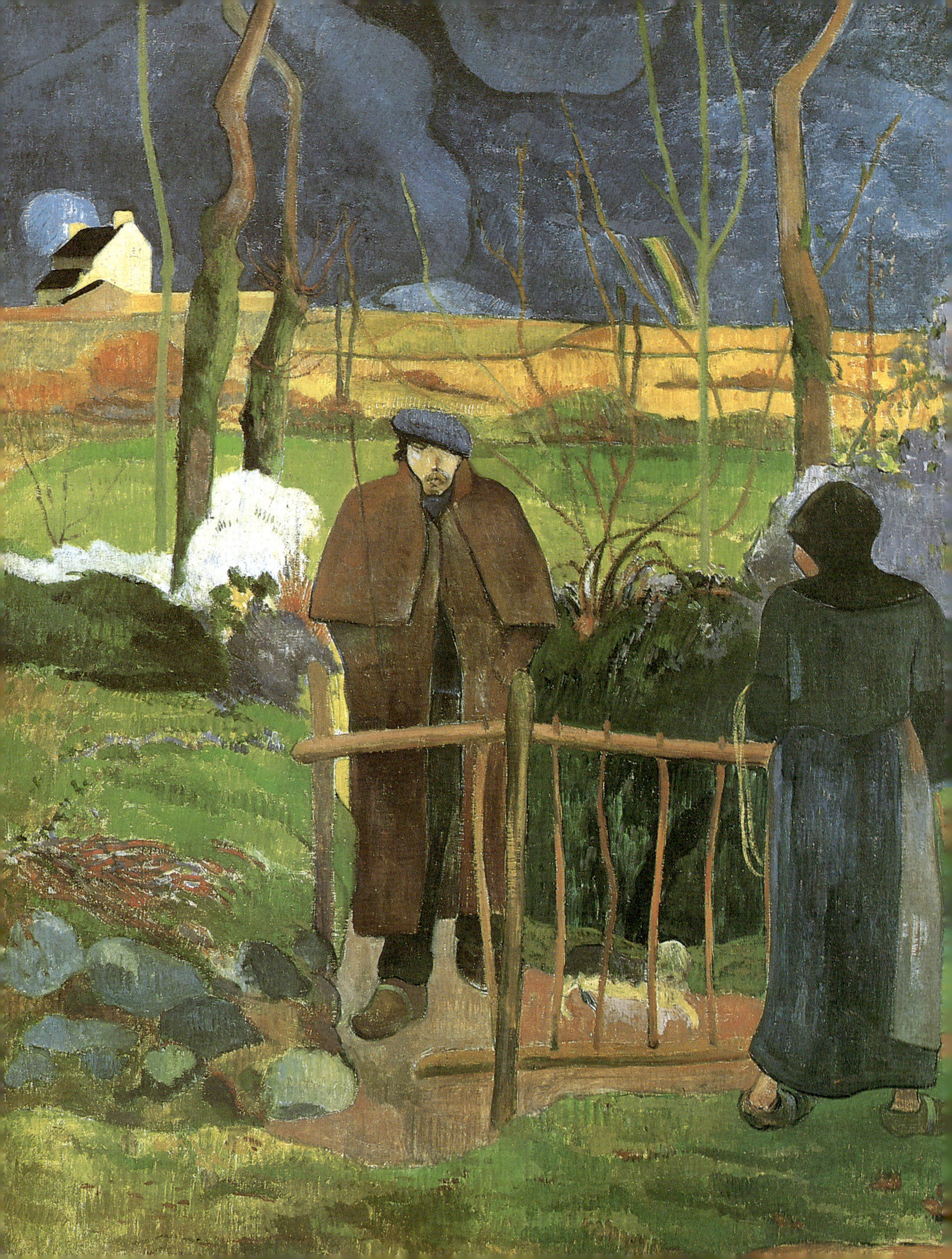

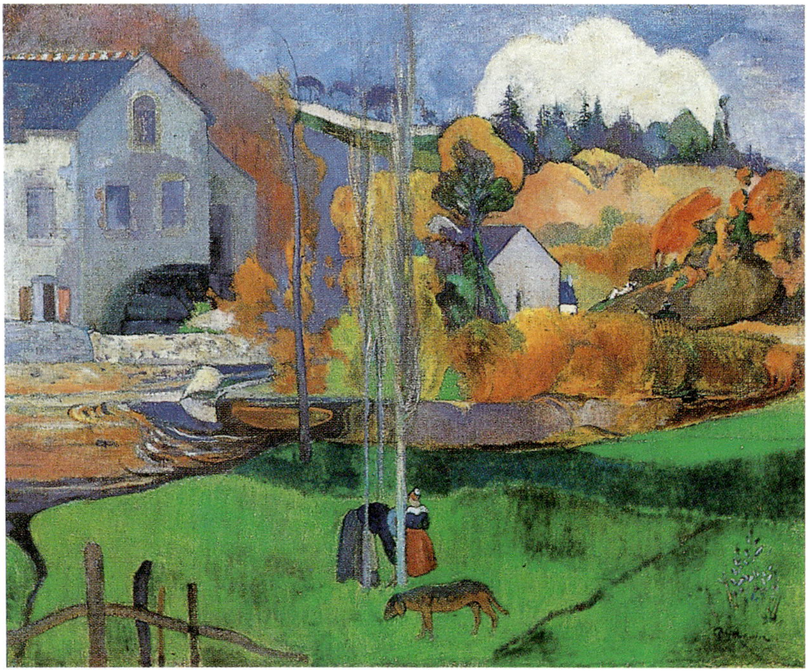

Paysage de Bretagne, le moulin, 1894.

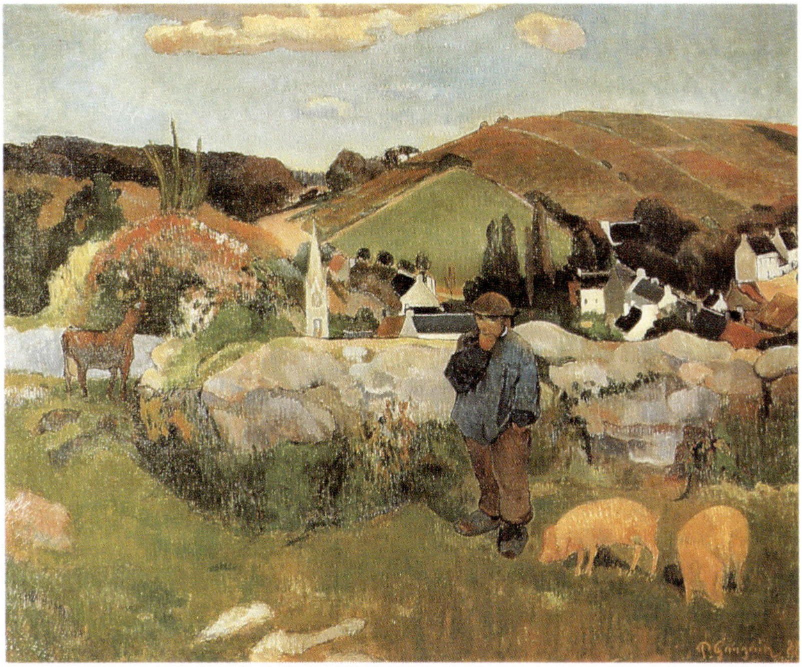

Paysage breton, 1888.

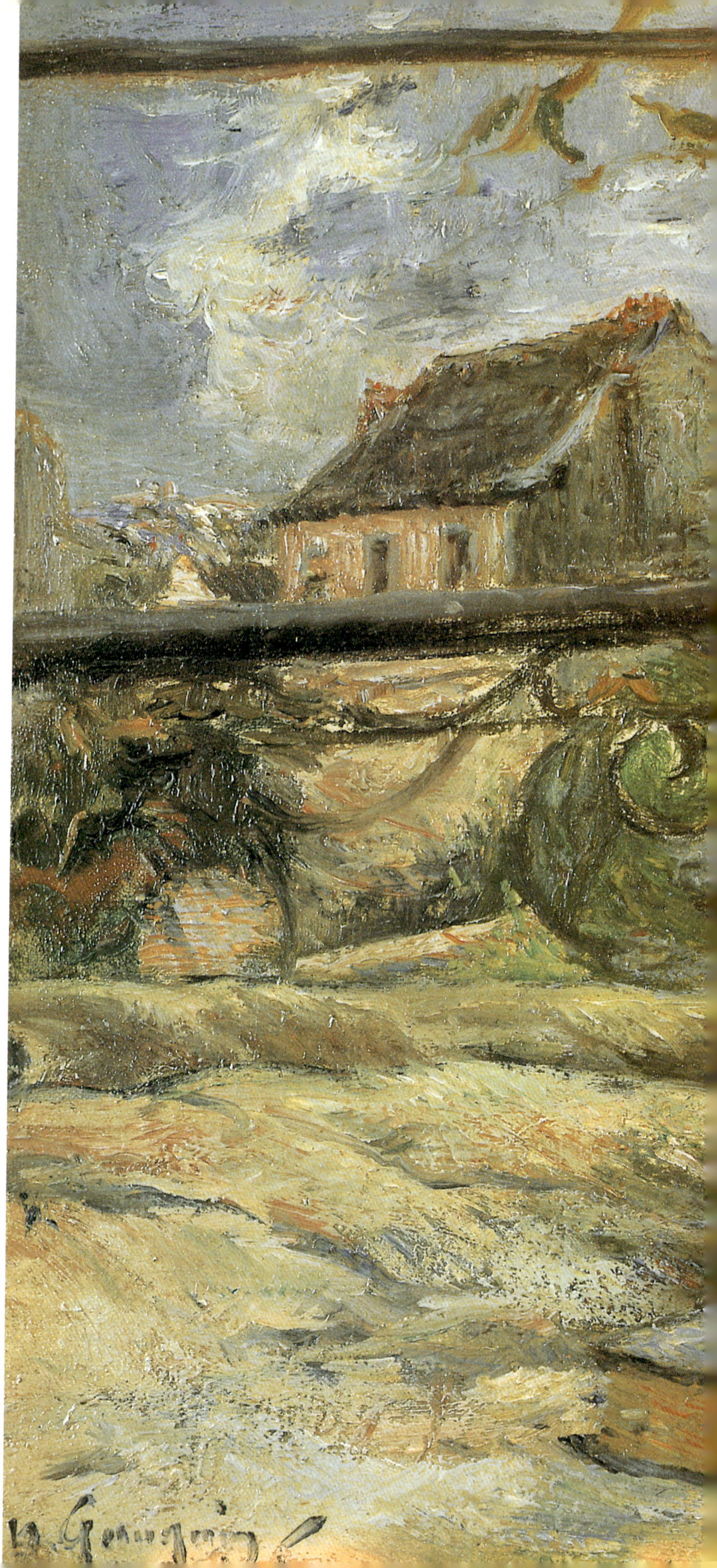

Vase de fleurs à la fenêtre, 1881.

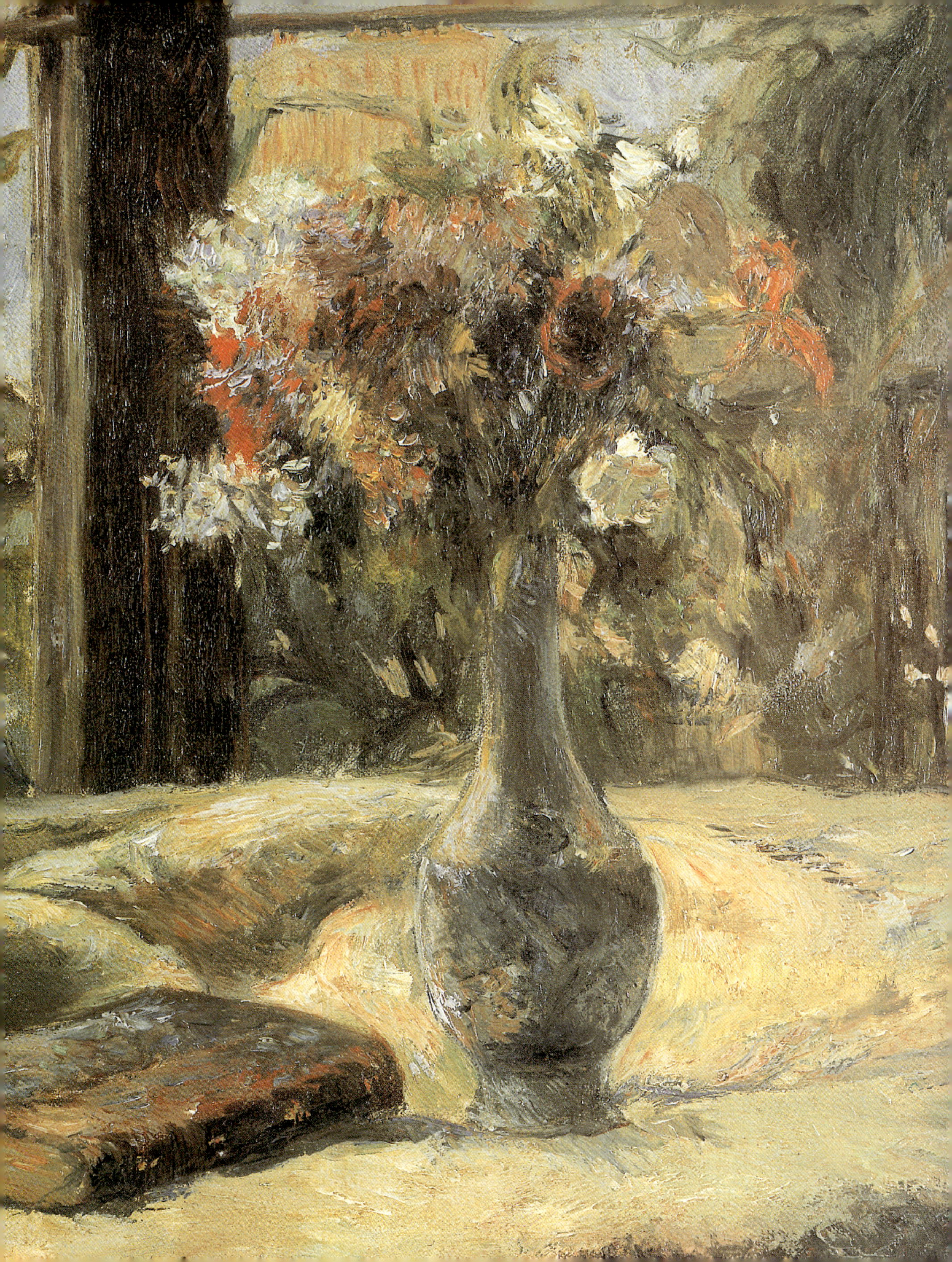

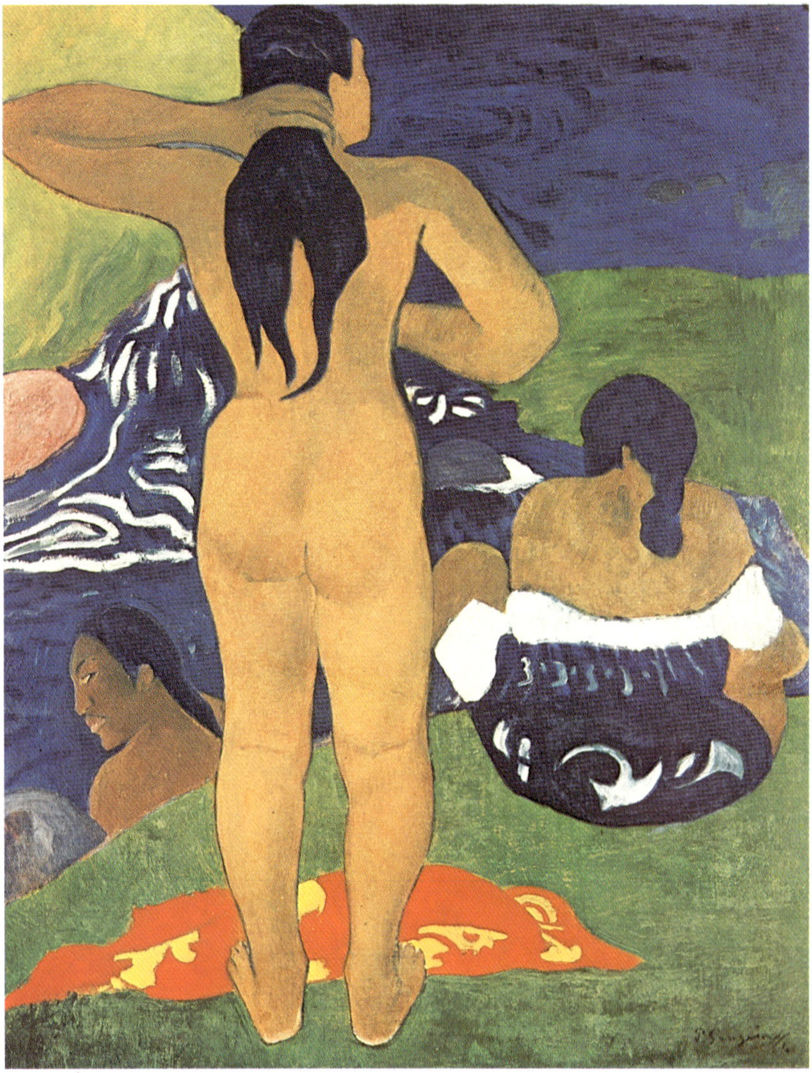

Femmes tahitiennes se baignant, 1892.

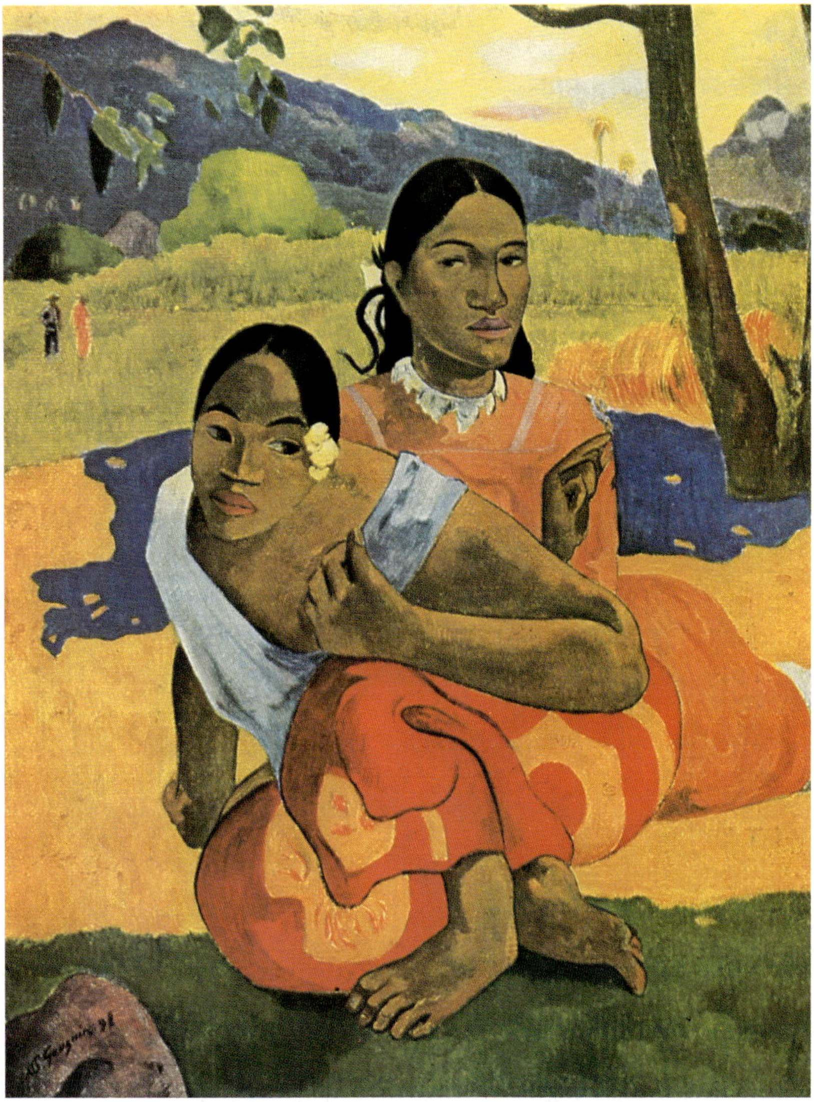

Quand te maries-tu? 1892.

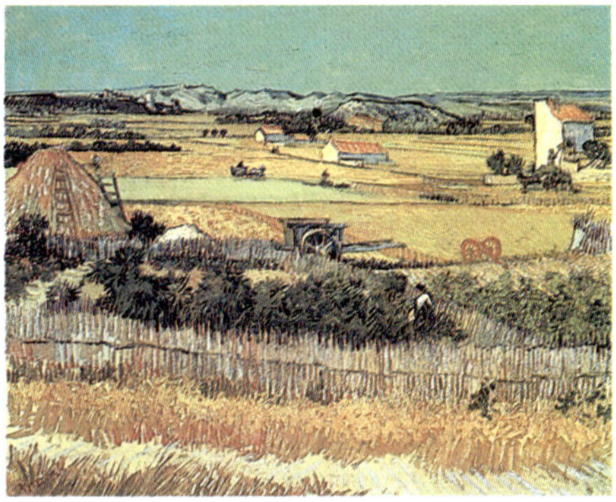

VAN GOGH

La Moisson, 1888.

« Cardés par le clou de Van Gogh,
les paysages montrent leur chair hostile... »

Antonin Artaud savait de quoi il parlait : il avait traversé la même épreuve du délire et de l'enfermement psychiatrique. Son long poème, *Van Gogh le suicidé de la société*, composé, en 1947, sous le coup d'une émotion intense déclenchée par une visite à l'Orangerie, abandonne toute critique extérieure : Van Gogh ne préfigure rien, il est l'objet et le sujet de sa peinture. Ses cyprès, ses tournesols, ses corbeaux, sa chambre, ses autoportraits même ne s'inscrivent pas dans une histoire du regard. Ils créent du « voir ». L'anecdote s'est évanouie, la préoccupation d'exprimer un spectacle extérieur aussi : il n'y a plus que de la présence au monde, une formulation visuelle de cette présence au monde. Et parce que cette présence du monde à lui était trop forte, il fallait qu'il disparût.

D'autres reprendront la technique picturale de Van Gogh et créeront le fauvisme. Comme lui-même, dans sa construction lucide, ils sauront dépouiller la peinture de toute belle mise en scène en restant attachés à l'éducation de l'œil qu'ils ont reçue des impressionnistes. « Mon travail à moi j'y risque ma vie, et ma raison y a sombré à moitié. » Le dimanche 27 juillet 1890 au soir, il se traîne à l'auberge d'Auvers-sur-Oise, après s'être tiré une balle dans la région du cœur : « Je m'ennuyais trop, je me suis tué. » Il meurt le 29, dans les bras de Théo, son frère, son ami, son confident, son soutien dans la société, son compagnon des errances adolescentes. Les ressorts de l'âme brisés, Théo, malgré une vie personnelle plus équilibrée, ne lui survivra pas six mois.

Les deux Van Gogh sont inséparables : l'un créait l'œuvre fulgurante, acharnée, entrecoupée de délires terribles pour lui, affolants pour les autres. Théo se démenait pour l'imposer à un milieu satisfait et rétif, qui commençait à peine à discerner la haute tenue des autres impressionnistes et qui ne pouvait comprendre la déchirure de Vincent ni son art visuel pour saisir la terre et l'espace.

Fils de pasteur — et lui-même habité par un besoin de prédication, de secours et d'enseignement aux déshérités — Van Gogh avait eu accès très jeune, à seize ans, par l'entremise de la galerie Goupil où il était employé, au monde de l'art et des musées. Très vite, il eut « le mal du pays pour le pays des tableaux ». Cette aspiration violente, exclusive, devait se concrétiser après 1880, bien que de longtemps déjà il pratiquât le dessin. On connaît en détail, à travers sa correspondance avec Théo, la décennie bouleversante qu'il va dès lors traverser, débordante de travail et hachée de crises psychiques qu'aggravent l'alcool et une vie amoureuse désespérément chaotique ; sa découverte d'Arles où il fait venir Gauguin ; la catastrophe de Noël 1889 quand il se tranche une partie du lobe de l'oreille pour l'offrir à une prostituée ; ses internements et sa désespérance. Mais la vie de Van Gogh, qu'on peut lire dans son œuvre, échappe alors à l'art et plus encore à la peinture de son temps, devient expérience humaine fondamentale, et c'est seulement ainsi que nous pouvons la comprendre.

« ... Van Gogh voulait enfin rejoindre cet infini pour lequel, dit-il, on s'embarque comme dans un train pour une étoile » (Antonin Artaud).

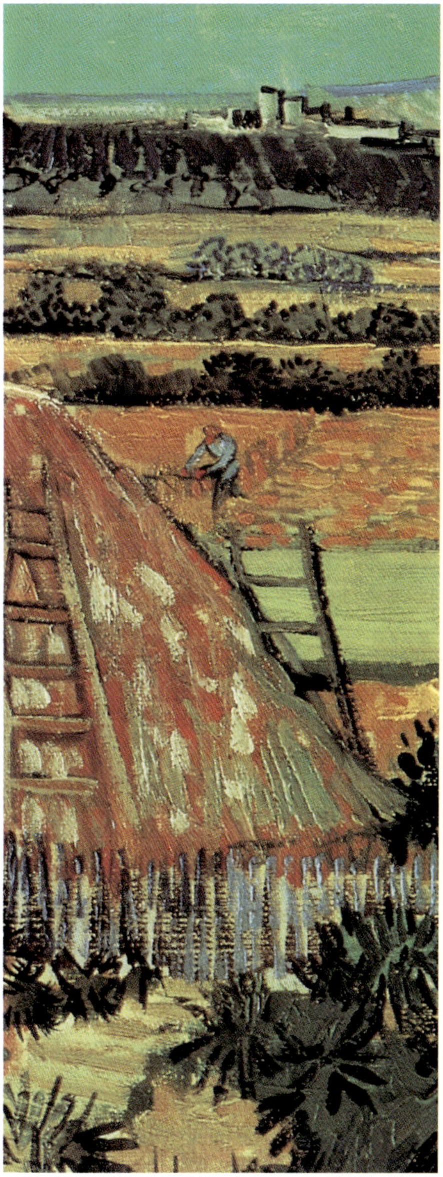

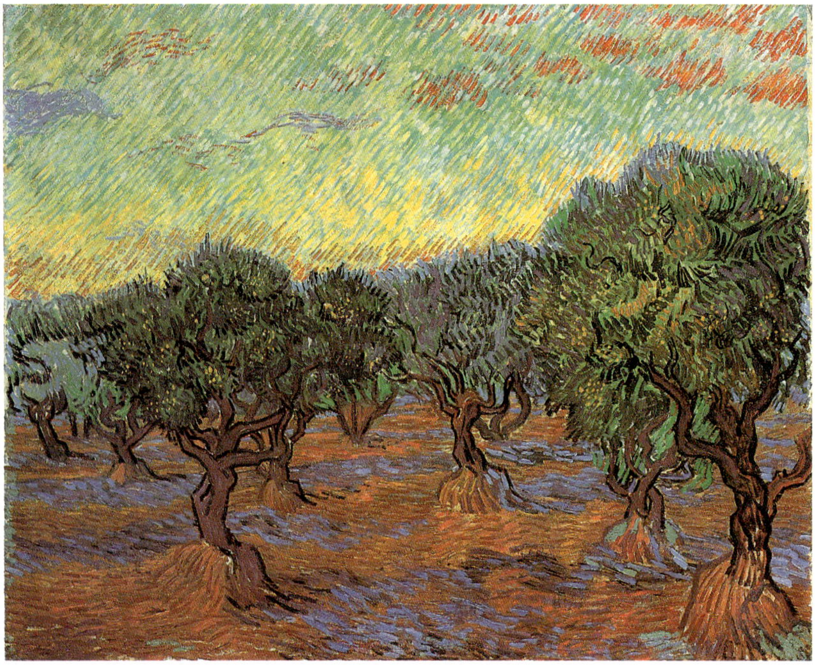

Les Oliviers, ciel orange, 1889.

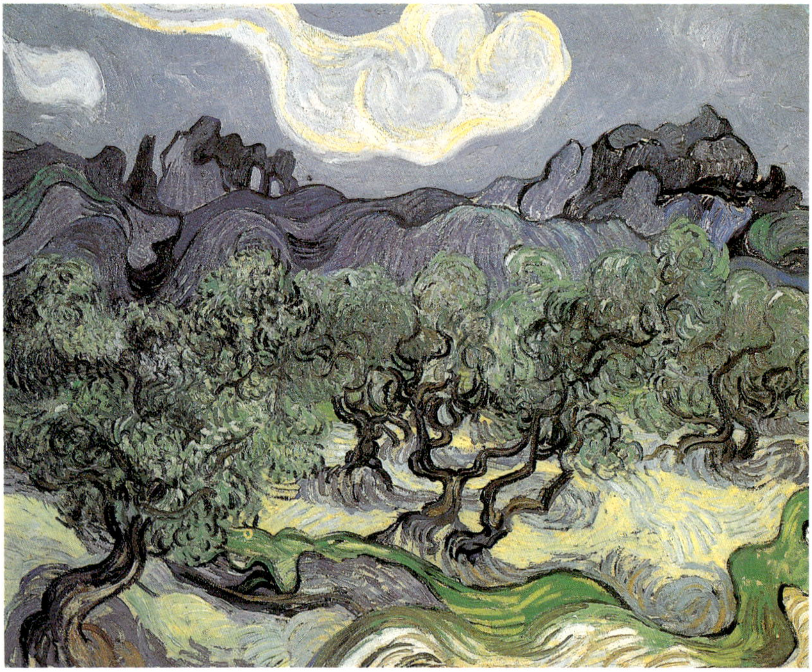

Les Oliviers, 1889.

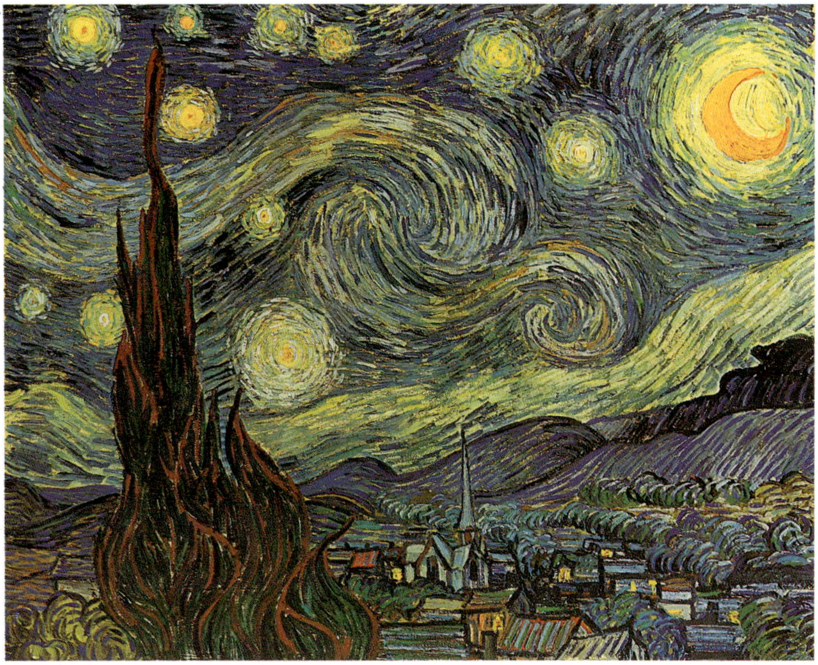

La Nuit étoilée, 1889.

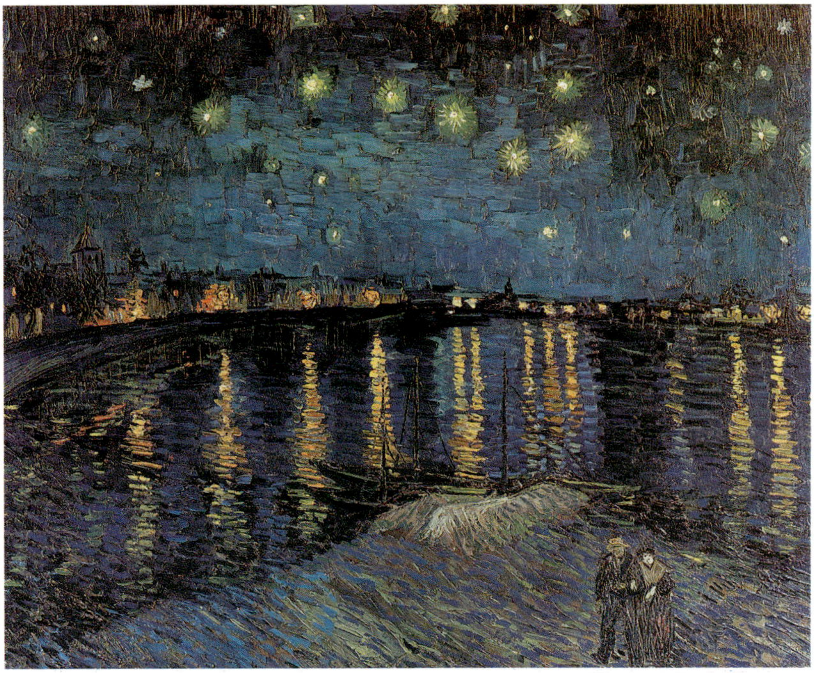

La Nuit étoilée, 1888.

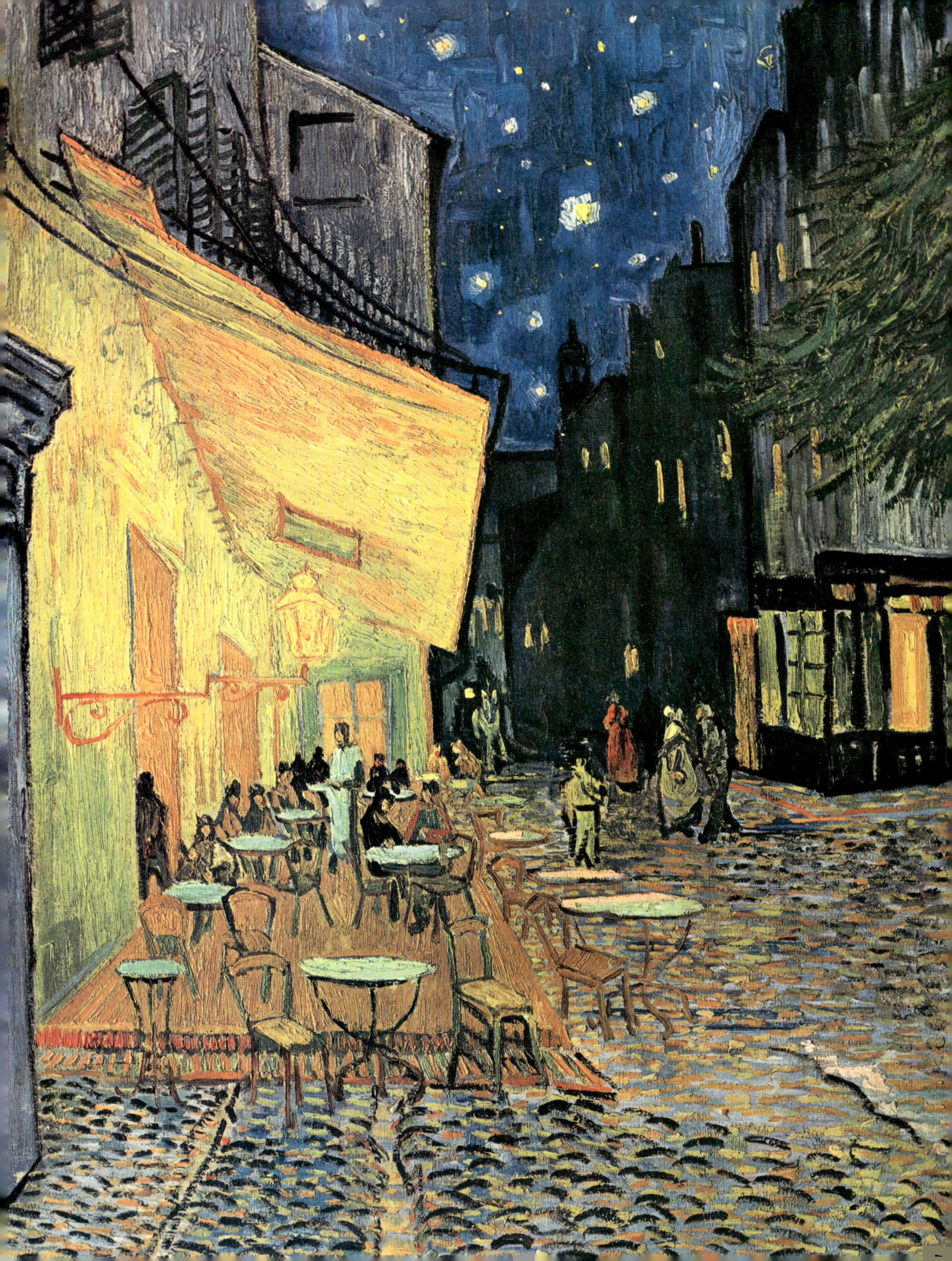

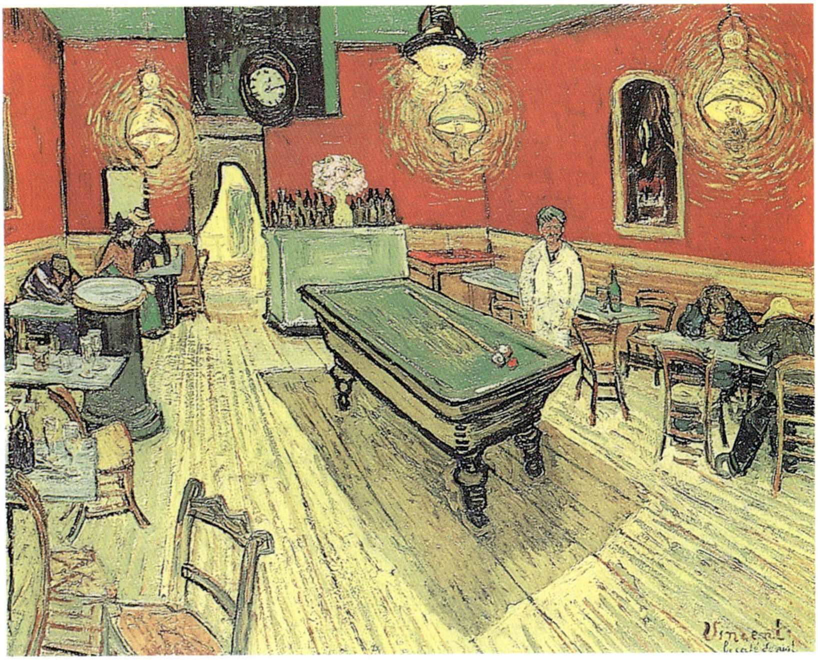

Café de nuit, 1888.

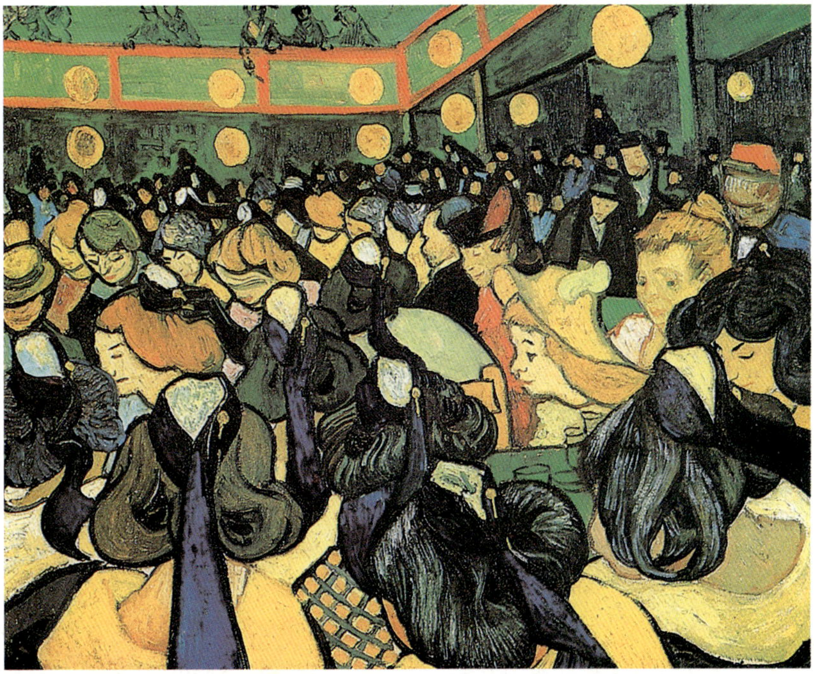

La Salle de danse, 1888.

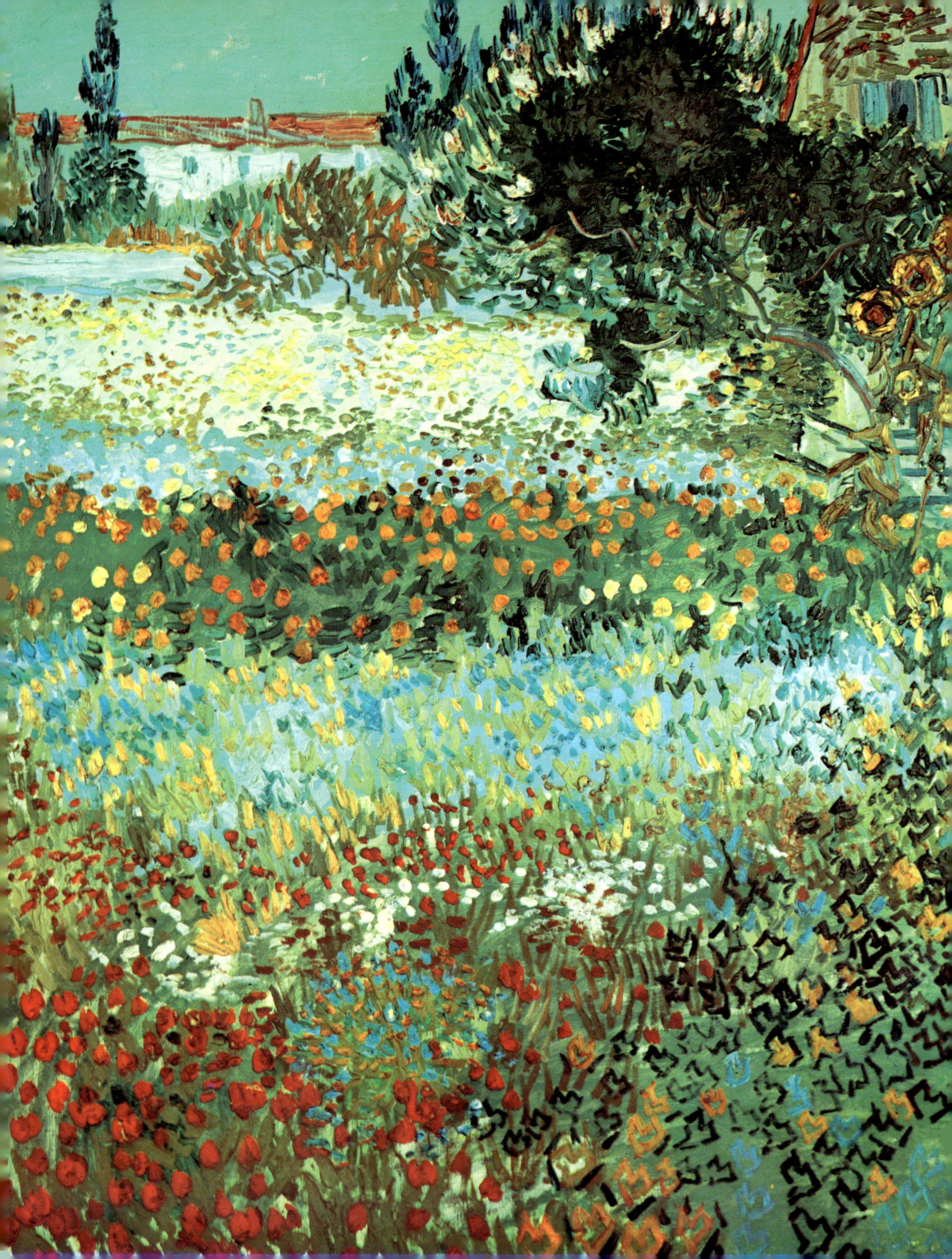

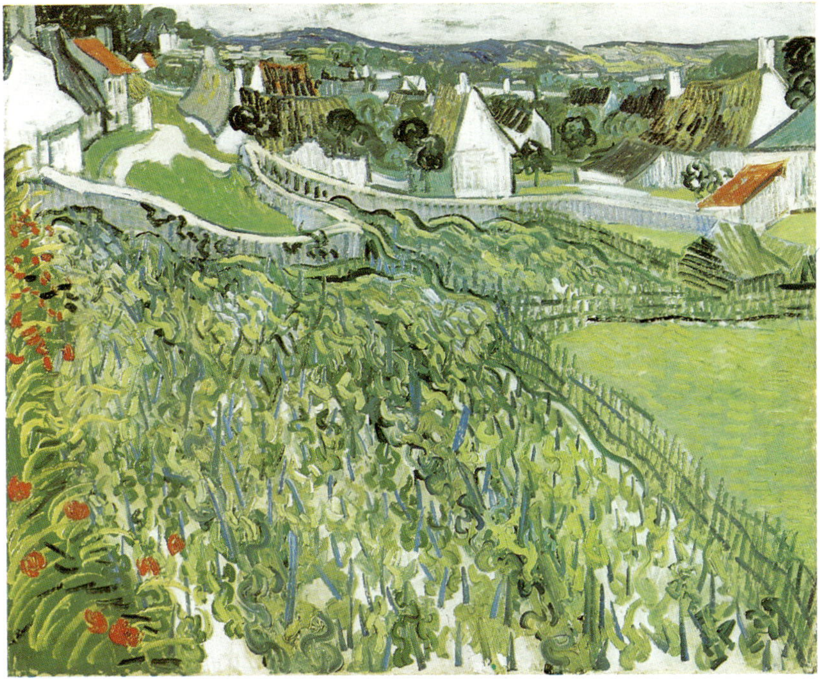

Vignoble à Auvers, 1890.

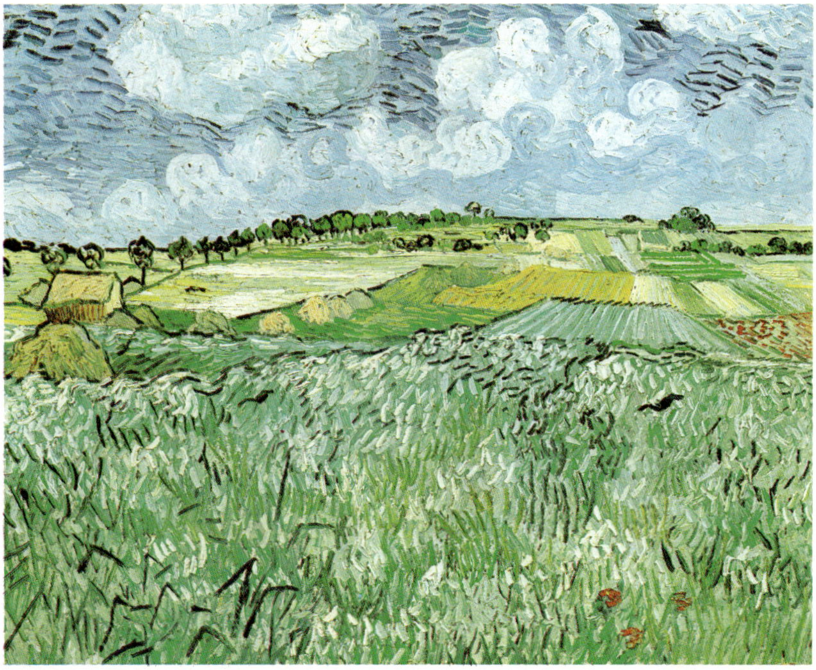

La Plaine près d'Auvers, 1890.

Le Jardin fleuri, Arles, 1888.

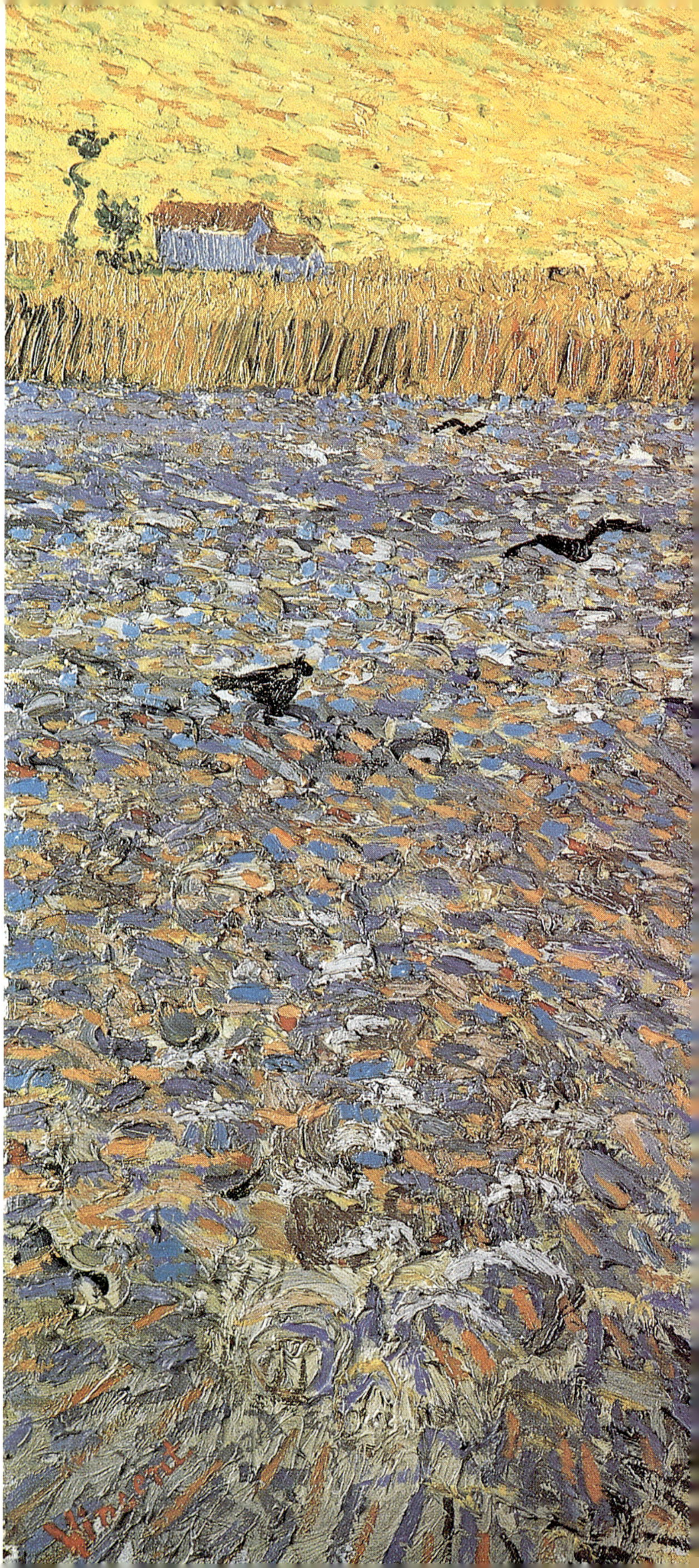

Le Semeur, 1888.

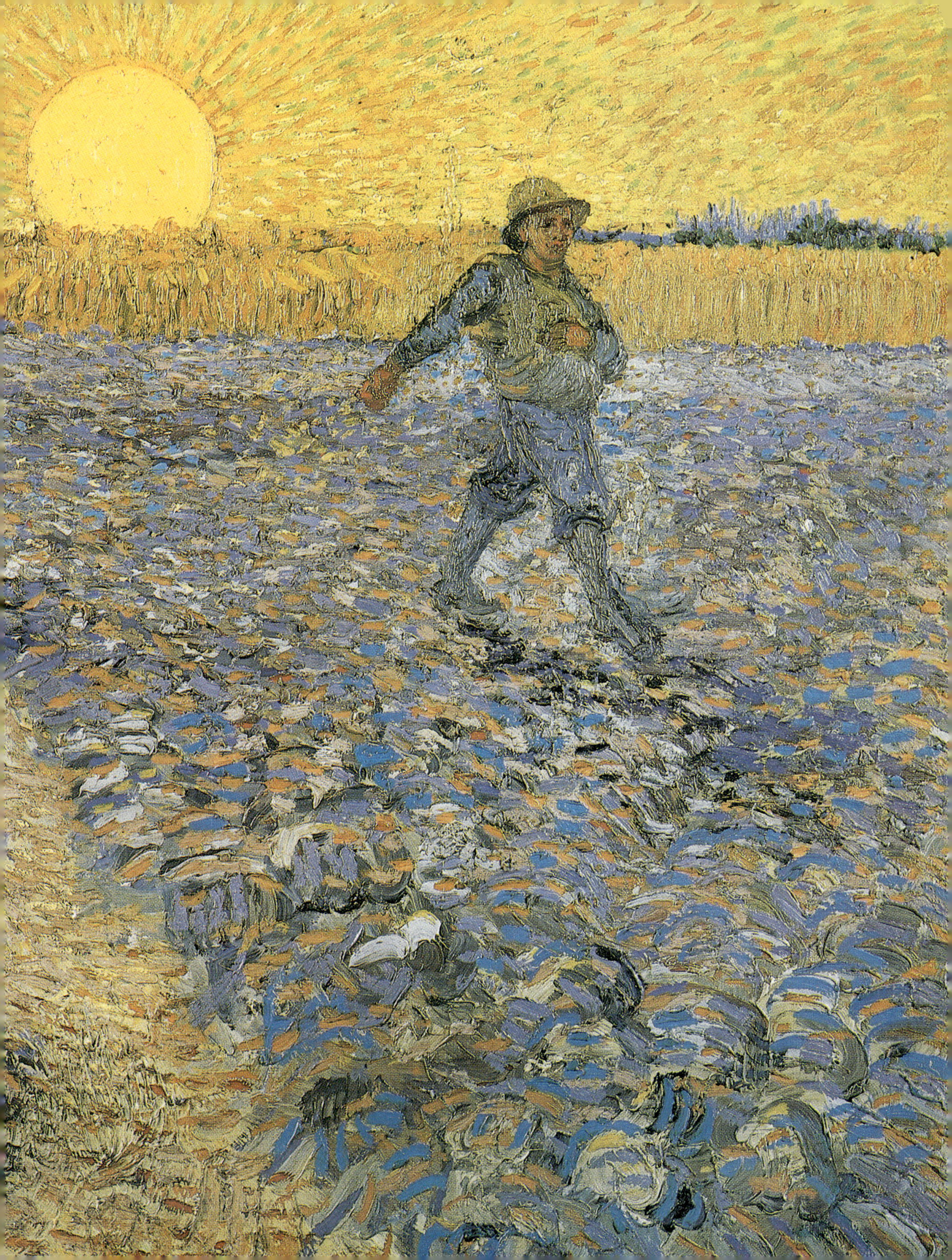

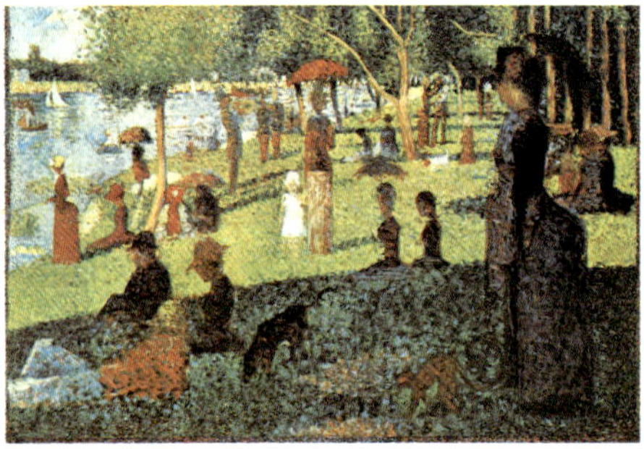

SEURAT

Un Dimanche après-midi à l'île de la Grande Jatte, 1884-1885.

Tous ceux qui l'ont connu, à commencer par Arsène Alexandre, ont noté la gravité de Seurat, « sans jamais un abandon à la fantaisie ». À l'âge de vingt-huit ans, il voulait prouver que « sa théorie, très intéressante pour les sujets de plein air, était applicable à de grandes figures dans des intérieurs, et il fit son tableau des *Poseuses* ». Sa théorie était celle du pointillisme, dont il fut le plus pur et éphémère représentant, même s'il sut y entraîner d'autres comme son ami Paul Signac et quelque temps Camille Pissarro. Le pointillisme, ou encore néo-impressionnisme, que Signac, dans sa présentation, *D'Eugène Delacroix au néo-impressionnisme*, publié en 1899, appelle de manière plus sensible encore « la division », se distingue selon le même Signac de l'impressionnisme, dont il partage la palette, par « le mélange optique, la touche divisée, et la technique méthodique et scientifique ».

Seurat, fasciné très jeune par les écrits de David Sutter sur la beauté optique, les recherches de Charles Blanc et la *Loi du contraste simultané des couleurs* de Chevreul, n'a eu de cesse d'en tirer l'application la plus extrême pour la peinture. Poète et ami, Gustave Kahn ramasse en quelques mots tout l'attrait de son œuvre, « ... ce point de statique, cette recherche de dégagement d'absolu qui le caractérisait. Nous étions sensibles à la mathématique de son art. »

Dans sa courte vie, brutalement interrompue en mars 1891 par une angine mortelle contractée lors des manutentions nécessaires à l'accrochage du Salon des indépendants, Seurat travailla environ un an à chacune de ses toiles. Ce labeur lui permit même de fixer, bien loin de la spéculation, un prix quasiment objectif à ses *Poseuses* : « Je compte comme frais une année à sept francs par jour... »

La Baignade, La Grande Jatte, Les Poseuses, Le Bec du Hoc, La Mer à Grandcamp, Le Chahut, Le Cirque... les sujets de Seurat retrouvent ceux de l'impressionnisme. En fait, l'intention était autre, et il déclarait : « J'aurais aussi bien peint, dans une autre harmonie, le combat des Horaces et des Curiaces... », comme si les sujets naturalistes n'étaient là que par taquinerie, et que l'essentiel ne résidait que dans l'application de la méthode impressionniste et de tout ce qui découlait de cette intuition qui fut sa très grande force du groupe, mais aux yeux de Seurat quelque chose comme une faiblesse.

Né à Paris dans une famille bourgeoise au milieu de laquelle il dînait ponctuellement, et à qui il dut cacher jusqu'au dernier moment sa liaison avec Madeleine Knoblock, la *Jeune femme se poudrant*, et l'enfant qu'il avait eu d'elle, Seurat, a consacré davantage de temps à la lecture des scientifiques de son temps, comme Helmholtz ou Maxwell, et à son travail acharné qu'à partager la vie des « artistes chics ».

Attiré à ses débuts par Courbet, Millet et les peintres de Barbizon, les scènes réalistes (*Le Faucheur, Les Faneuses, Le Casseur de pierres*) et les paysages d'Île-de-France, il consomme sa rupture avec l'esprit impressionniste quand il aborde les mêmes thèmes de plein air et de distractions parisiennes comme un pur travail, sans anecdote, sur la lumière, notamment *Un dimanche après-midi à la Grande-Jatte*, qu'il achève en mars 1885. Dès lors, il est chef d'école, chacune de ses œuvres ultérieures sera reçue comme la démonstration d'un maître, contesté, d'un de ces trois ou quatre inventeurs fin de siècle d'une modernité qui ne s'affirmera, n'imposera ses rythmes, que dix ou vingt ans plus tard.

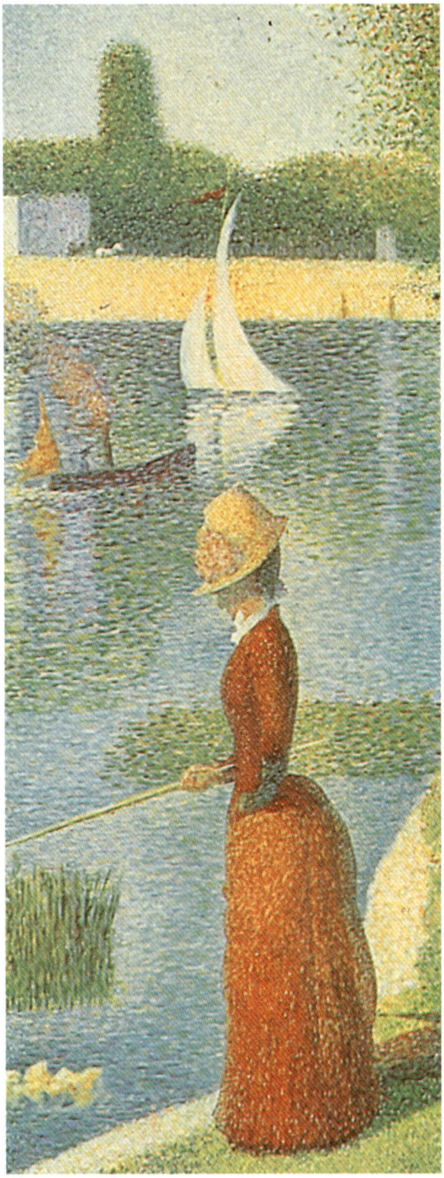

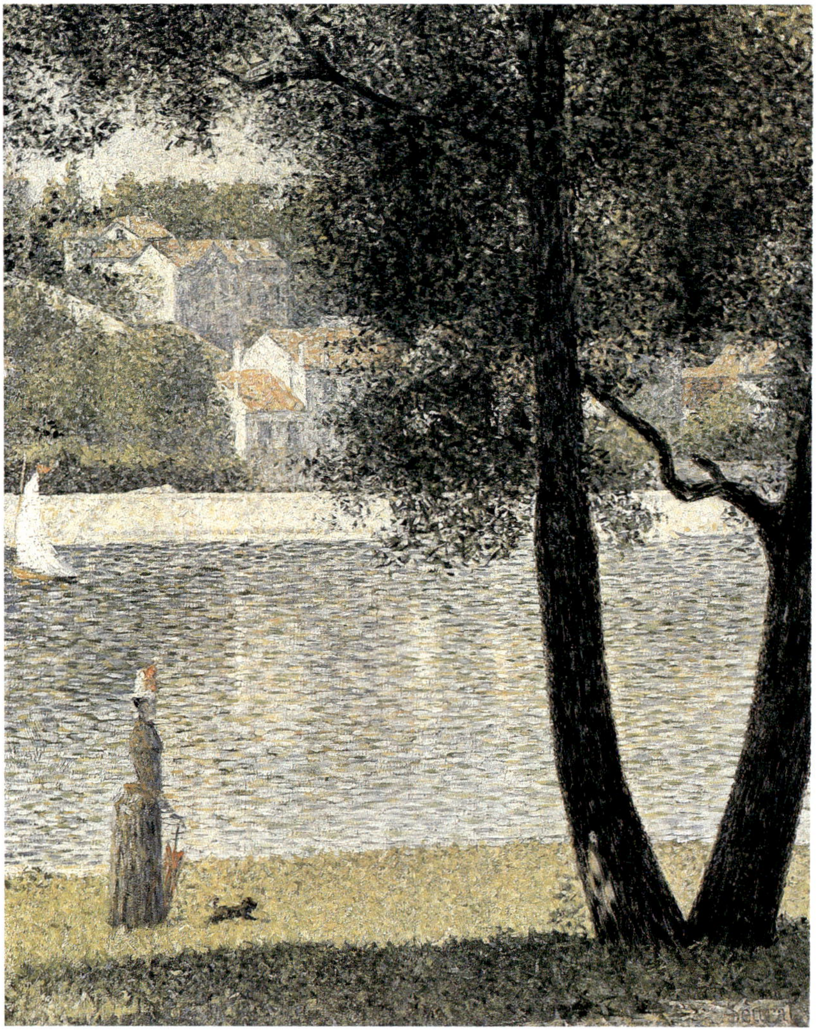

La Seine à Courbevoie, 1885.

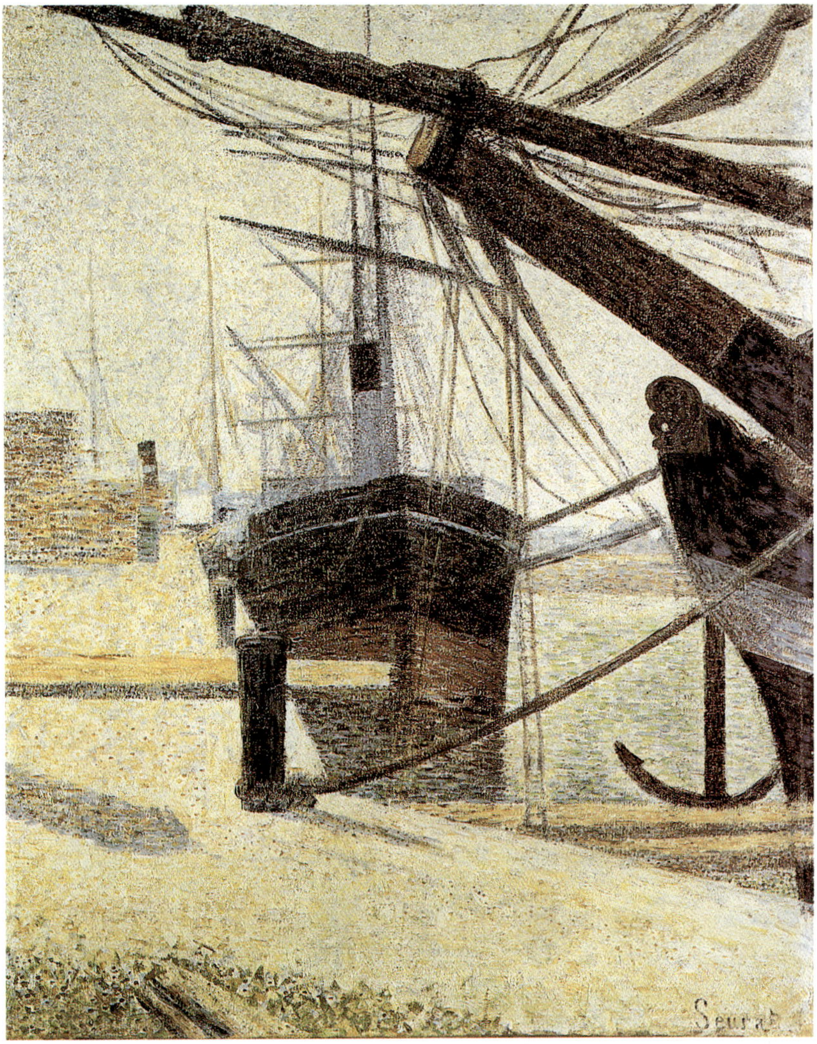

Coin d'un bassin, Honfleur, 1886.

TABLE DES ILLUSTRATIONS

1874, huile sur toile, 60 x 73 cm. Collection particulière.

28. Pissarro, *L'Île Lacroix, Rouen. Effet de brouillard*, 1888, huile sur toile, 44 x 55 cm. Philadelphie, Philadelphie Museum of Art.

Usine près de Pontoise, 1873, huile sur toile, 47,7 x 55,9 cm. Springfield, Museum of Fine Arts.

29. Pissarro, *La Brouette, verger*, 1881, huile sur toile, 54 x 65 cm. Paris, musée d'Orsay.

Femme dans un clos à Éragny, 1887, huile sur toile, 54 x 65 cm. Paris, musée d'Orsay.

30-31. Bazille, *Vue de village*, 1868, huile sur toile, 130 x 89 cm. Montpellier, musée Fabre.

32. Bazille, *Paysage à Chailly*, 1865, huile sur toile, 82 x 105 cm. Chicago, Art Institute.

Aigues-Mortes, 1867, huile sur toile, 0,46 x 0,55 cm. Montpellier, musée Fabre.

33. Bazille, *Vendange (étude)*, 1868, huile sur toile, 38 x 46 cm. Montpellier, musée Fabre.

Vendange (étude), 1868, huile sur toile, 38 x 46 cm. Montpellier, musée Fabre.

34-35. Renoir, *Le Bal du Moulin de la Galette*, 1876, huile sur toile, 131 x 175 cm. Paris, musée d'Orsay.

36. Renoir, *La Grenouillère*, 1869, huile sur toile, 59 x 60 cm. Moscou, musée Pouchkine.

La Grenouillère, 1869, huile sur toile, 66 x 86 cm. Stockholm, Nationalmuseum.

37. Renoir, *La Seine à Asnières (La Yole)*, 1879, huile sur toile, 71 x 92 cm. Londres, National Gallery.

Rameurs à Chatou, 1879, huile sur toile, 81 x 100 cm. Washington, National Gallery of Art.

38. Renoir, *Madame Monet et son fils*, 1874, huile sur toile, 51 x 68 cm. Washington, National Gallery of Art.

Le Déjeuner au bord de la rivière, 1875-1876, huile sur toile, 55,1 x 65,9 cm. Chicago, Art Institute.

39. Renoir, *Rochers à l'Estaque*, 1882, huile sur toile, 66 x 80 cm. Boston, Museum of Fine Arts.

Les Vignes à Cagnes, 1908, huile sur toile, 46 x 55 cm. New York, The Brooklyn Museum.

40-41. Renoir, *Vue de Cagnes*, huile sur toile, Sarrebruck, Saarland Museum.

42-43. Degas, *Examen de danse*, 1880, pastel et fusain sur papier vélin, 63,4 x 48,2 cm. Denver, The Denver Art Museum.

44. Degas, *Chevaux de course devant un paysage*, 1874, pastel, 48,9 x 62,8 cm. Madrid, collection Thyssen-Bornemisza.

La Conversation, 1890, pastel, 54 x 66 cm. Collection particulière.

45. Degas, *Jockeys sous la pluie*, 1881, pastel, 47 x 65 cm. Glasgow, Art Gallery and Museum.

Chez la modiste, 1882, pastel, 79,9 x 84,8 cm. Lugano, collection Thyssen-Bornemisza.

46. Degas, *Après le bain*, 1888-1892, pastel, 104 x 99 cm. Londres, National Gallery.

47. Degas, *Le Petit Déjeuner après le bain*, 1894, pastel, 99,5 x 59 cm. Tel-Aviv, musée de Tel-Aviv.

48-49. Sisley, *Rue de la Princesse à Louveciennes,* 1873, huile sur toile, 55 x 47 cm. Dallas, collection particulière.

50. Sisley, *La Neige à Louveciennes,* 1878, huile sur toile, 61 x 50,5 cm. Paris, musée d'Orsay.

51. Sisley, *Le Brouillard,* 1874, huile sur toile, 50,5 x 65 cm. Paris, musée d'Orsay.

Louveciennes, hauteurs de Marly, 1873, huile sur toile, 38 x 46,5 cm. Paris, musée d'Orsay.

52. Sisley, *La Seine à Bougival,* 1872-1873, huile sur toile, 46 x 65,5 cm. Paris, musée d'Orsay.

La Seine à Port-Marly, tas de sable, 1875, huile sur toile, 54,5 x 73,7 cm. Chicago, Art Institute.

53. Sisley, *Le Pont de Moret,* 1893, huile sur toile, 73,5 x 92,5 cm. Paris, musée d'Orsay.

Moret, bords du Loing, 1892, huile sur toile, 60,5 x 73 cm. Paris, musée d'Orsay.

54-55. Manet, *La Musique aux Tuileries,* 1862, huile sur toile, 76 x 118 cm. Londres, National Gallery.

56. Manet, *Jeune Fille au seuil du jardin de Bellevue,* 1880, huile sur toile, 151 x 115 cm. Zurich, collection Bührle.

57. Manet, *La Maison de Rueil,* 1882, huile sur toile, 78 x 92 cm. Berlin, Staatliche Museen Preussicher Kulturbesitz.

Le Banc, 1881, huile sur toile, 65,1 x 81,2 cm. Collection particulière.

58. Manet, *Portrait d'Émile Zola,* 1868, huile sur toile, 146,5 x 114 cm. Paris, musée d'Orsay.

59. Manet, *Nana,* 1877, huile sur toile, 154 x 115 cm. Hambourg, Kunsthalle.

60. Manet, *Argenteuil,* 1874, huile sur toile, 149 x 115 cm. Tournai, musée des Beaux-Arts.

61. Manet, *Sur la plage,* 1863, huile sur toile, 59,6 x 73,2 cm. Paris, musée d'Orsay.

Claude Monet dans son atelier, 1874, huile sur toile, 82,5 x 104 cm. Munich, Neue Pinakothek.

62-63. Monet, *Nymphéas,* 1917, huile sur toile, 150 x 200 cm. Munich, Neue Pinakothek.

64. Monet, *Environs de Honfleur,* 1867, huile sur toile, 81 x 100 cm. Paris, musée d'Orsay.

Sandviken, Norvège, effet de neige, 1895, huile sur toile, 73 x 92 cm. Collection particulière.

65. Monet, *La Pie,* 1869, huile sur toile, 89 x 130 cm. Paris, musée d'Orsay.

Effet de neige au soleil couchant, 1875, huile sur toile, 89 x 130 cm. Paris, musée Marmottan.

66-67. Monet, *Impression, soleil levant,* 1873, huile sur toile, 48 x 63 cm. Paris, musée Marmottan.

68. Monet, *La Plage à Sainte-Adresse,* 1867, huile sur toile, 75,8 x 102,5 cm. Chicago, Art Institute.

Les Régates à Sainte-Adresse, 1867, huile sur toile, 75 x 101 cm. New York, The Metropolitan Museum of Art.

69. Monet, *Le Palais Contarini,* 1908, huile sur toile, 73 x 92 cm. Collection particulière.

Venise, le Grand Canal, 1908, huile sur toile, 73 x 92 cm. Boston, Museum of Fine Arts.

70. Monet, *Les Meules, fin de l'été*, 1891, huile sur toile, 60,5 x 100,5 cm. Paris, musée d'Orsay.

Meule, soleil couchant, 1891, huile sur toile, 73 x 92 cm. Boston, Museum of Fine Arts.

71. Monet, *Meule au soleil*, 1891, huile sur toile, 60 x 100 cm. Zurich, Kunsthaus.

Une meule près de Giverny, 1886, huile sur toile, 61 x 81 cm. Saint-Pétersbourg, musée de l'Ermitage.

72-73. Morisot, *Femme et enfant au balcon*, 1872, huile sur toile, 60 x 50 cm. Collection particulière.

74. Morisot, *La Fable*, 1883, huile sur toile, 65 x 81 cm. Collection particulière.

Eugène Manet et sa fille au jardin, 1883, huile sur toile, 60 x 73,5 cm. Collection particulière.

75. Morisot, *Dans une villa au bord de la mer*, 1875, huile sur toile. Pasadena, Norton Simon Foundation.

Eugène Manet à l'île de Wight, 1875, huile sur toile, 38 x 46 cm. Collection particulière.

76-77. Cassatt, *La Partie de bateau*, 1893, huile sur toile, 90,5 x 117 cm. Washington, National Gallery of Art.

78. Morisot, *Deux Enfants au bord de la mer*, 1884, huile sur toile, 97 x 74 cm. Washington, National Gallery of Art.

79. Morisot, *L'Été*, 1916, huile sur toile, 73,5 x 99 cm. Los Angeles, Armand Hammer Collection.

Le Bain ou deux mères et leurs enfants en bateau, 1910, huile sur toile, 97,5 x 130 cm. Paris, musée du Petit Palais.
80-81. Guillaumin, *Vue d'Agay*, 1895, huile sur toile, 73 x 92 cm. Paris, musée d'Orsay.

82-83. Caillebotte, *Périssoires*, 1878, huile sur toile, 157 x 113 cm. Rennes, musée des Beaux-Arts.

84. Caillebotte, *Périssoires sur l'Yerres*, 1877, huile sur toile, 103 x 156 cm. Milwaukee, Milwaukee Art Center.

La Sieste, 1877, pastel, 36 x 53 cm. Hartford, Wadsworth Atheneum.

85. Caillebotte, *Baigneurs, bords de l'Yerres*, 1878, huile sur toile, 117 x 89 cm. Collection particulière.

86-87. Cézanne, *Route à Auvers-sur-Oise*, 1873-1874, huile sur toile, 55 x 46 cm. Ottawa, National Gallery of Canada.

88. Cézanne, *Route tournante en Provence*, 1868, huile sur toile, 91 x 71 cm. Montréal, musée des Beaux-Arts.

89. Cézanne, *Marronniers et ferme au Jas de Bouffan*, 1885-1887, huile sur toile, 65 x 81 cm. New York, collection D. T. Schiff.

La Mer à l'Estaque, 1884, huile sur toile, 73 x 92 cm. Paris, collection Picasso.

90. Cézanne, *Le Rocher rouge*, 1890, huile sur toile, 91 x 66 cm. Paris, musée de l'Orangerie.

91. Cézanne, *La Montagne Sainte-Victoire vue de Bibémus*, 1887, huile sur toile, 65 x 81 cm. Baltimore, Museum of Art.

Le Château-Noir, 1900-1904, huile sur toile, 73,7 x 96,6 cm. Washington, National Gallery of Art.

92-93. Cézanne, *Le Lac d'Annecy*, 1896, huile sur toile, 65 x 81,3 cm. Londres, Home House Trustees.

94-95. Toulouse-Lautrec, *Au bar*, 1887, huile sur toile, 55 x 42 cm. Upperville, collection Mellon.

96. Toulouse-Lautrec, *Le Jour de la première communion*, 1888, fusain et huile sur carton, 65 x 37 cm. Toulouse, musée des Augustins.

97. Toulouse-Lautrec, *Le Côtier de la compagnie des omnibus*, 1888, huile sur carton, 80 x 50 cm. Paris, collection Jacques Dubourg.

98. Toulouse-Lautrec, *Au nouveau cirque, la clownesse aux cinq plastrons*, 1892, fusain, aquarelle sur papier, 59,5 x 40,5 cm. Philadelphie, Philadelphie Museum of Art.

99. Toulouse-Lautrec, *La Clownesse*, 1895, huile sur carton, 57 x 42 cm. Paris, musée d'Orsay.

100-101. Gauguin, *Bouquet de fleurs*, 1897, huile sur toile, 73 x 93 cm. Paris, musée Marmottan.

102. Gauguin, *Bonjour, monsieur Gauguin*, 1889, huile sur toile, 113 x 92 cm. Prague, Nirodnà Galerie.

103. Gauguin, *Paysage de Bretagne, le moulin*, 1894, huile sur toile, 73 x 92 cm. Paris, musée d'Orsay.

Paysage breton, 1888, huile sur toile, 73 x 93 cm. Los Angeles, collection Lucille Ellis Simon.

104-105. Gauguin, *Vase de fleurs à la fenêtre*, 1881, huile sur toile, 19 x 27 cm. Rennes, musée des Beaux-Arts.

106. Gauguin, *Femmes tahitiennes se baignant*, 1892, huile sur toile, 110 x 89 cm. New York, collection Robert E. Lehmann.

107. Gauguin, *Quand te maries-tu?* 1892, huile sur toile, 101,1 x 77,5 cm. Bâle, Kunstmuseum.

108-109. Van Gogh, *La Moisson*, 1888, huile sur toile, 72,5 x 92 cm. Amsterdam, Rijksmuseum Vincent Van Gogh.

110. Van Gogh, *Les Oliviers, ciel orange*, 1889, huile sur toile, 74 x 93 cm. Göteborg, Konstmuseum.

Les Oliviers, 1889, huile sur toile, 72,5 x 92 cm. New York, collection Mrs John Hay Withney.

111. Van Gogh, *La Nuit étoilée*, 1889, huile sur toile, 73 x 92 cm. New York, The Museum of Modern Art.

La Nuit étoilée, 1888, huile sur toile, 72,5 x 92 cm. Paris, musée d'Orsay.

112. Van Gogh, *Café-Terrasse de la place du Forum*, 1888, huile sur toile, 81 x 65,5 cm. Otterlo, Rijksmuseum Kröller-Müller.

113. Van Gogh, *Café de nuit*, 1888, huile sur toile, 70 x 89 cm. New Haven, Yale University Art Gallery.

La Salle de danse, 1888, huile sur toile, 65 x 81 cm. Paris, musée d'Orsay.

114. Van Gogh, *Le Jardin fleuri*, Arles, 1888, huile sur toile, 95 x 73 cm. Zurich, collection particulière.

115. Van Gogh, *Vignoble à Auvers*, 1890, huile sur toile, 64 x 80 cm. Saint Louis, City Art Museum.

La Plaine près d'Auvers, 1890, huile sur toile, 73,5 x 92 cm. Munich, Bayerische Staatsgemäldesammlungen.

116-117. Van Gogh, *Le Semeur,* 1888, huile sur toile, 64 x 80,5 cm. Otterlo, Rijksmuseum Kröller-Müller.

118. Seurat, Étude finale pour *Un dimanche après-midi à l'île de la Grande Jatte,* 1884-1885, huile sur toile, 70,5 x 104,2 cm. New York, The Metropolitan Museum of Art.

119. Seurat, *Un dimanche après-midi à l'île de la Grande Jatte* (détail), 1884-1885, huile sur toile, 207 x 308 cm. Chicago, Art Institute.

120. Seurat, *La Seine à Courbevoie,* 1885, huile sur toile, 81,4 x 65,2 cm. Collection particulière.

121. Seurat, *Coin d'un bassin,* Honfleur, 1886, huile sur toile, 81 x 65 cm. Otterlo, Rijksmuseum Kröller-Müller.

BIBLIOGRAPHIE

BERNARD, Bruce, *La Révolution impressionniste*, Paris, 1991.

CALLEN, Anthea, *Les Peintres impressionnistes et leur technique*, Paris, 1991.

CLAY, Jean, *Comprendre l'impressionnisme,* Paris, 1989.

DENVIR, Bernard, *Chronique de l'impressionnisme. L'Histoire d'un mouvement jour après jour*, Paris, 1993.

HERBERT, Robert L., *L'Impressionnisme : les plaisirs et les jours,* Paris, 1991.

HUYGHE, René, *La Relève du réel : impressionnisme, symbolisme*, Paris, 1974.

LEVÊQUE, Jean-Jacques, *Les Années impressionnistes*, Paris, 1990.
L'Impressionnisme dans le monde, 1860-1920, Paris, 1990.

LEYMARIE, Jean, *Dessins impressionnistes : de Manet à Renoir*, Genève, 1985.
Les Gravures des impressionnistes : Manet, Pissarro, Renoir, Cézanne, Sisley (œuvre complet), Paris, 1971.

MIQUEL, Pierre, *Le Paysage français au* XIXe *siécle : l'école de la nature*, 3 vol., Mantes-la-Jolie, 1975.

MONNERET, Sophie, *L'Impressionnisme et son époque : dictionnaire international*, 2 vol., Paris, 1987.

REWALD, John, *Histoire de l'impressionnisme,* 2 vol., Paris, 1986.
Le Post-Impressionnisme : de Van Gogh à Gauguin, Paris, 1987.